총신대학교 신학대학원 제85회

선교사 / 해외 주재 목회자 선교 수기

85회 선교행전

총신 신대원 85회 세계선교사회

총신대학교 신학대학원 제85회

선교사 / 해외 주재 목회자 선교 수기

85회 선교행전

총신 신대원 85회 세계선교사회

목 차

[프롤로그]
발행사	김용섭(총신 신대원 85회 세계선교사회장)	8
축사	권성대(총신 신대원 85회 동창회장)	10
축사	윤삼중(총신 신대원 85회 동창회 서기)	12
격려사	허성회(GMS 선교사무총장)	14
일러두기	편집위원	16

[선교 수기]
김바울 / 키르기스스탄, 히잡을 쓴 크리스챤	20
문현인 / 영국, 세 독백	28
박금일 / 영국, "이제 가라!"(So now, Go!)	33
이희열 / 인도네시아, 사람 선교와 말씀 선교 30년	42
장두식 / 한국, 가나 다곰바에서 SIM 한국 대표까지	48
장완익 / 캄보디아, 사이공에서 프놈펜까지 인도하신 주님	56
허성회 / 한국, 하나님께서 친히 걸어가신 선교의 여정	65

[선교 단상]
김용섭 / 태국, 코로나 앤데믹 시대 한인 디아스포라 교회의 선교적 과제	72
민홍기 / 한국, 자비량 선교는 현실이다.	82
안건상 / 미국, 선교적 전환을 위한 소고	92
지성구 / 영국, 추억의 토끼풀	113

[선교 보고]

김경중 / 말레이시아, 하나님과 사람 사랑(神人愛)	122
김균배 / 미얀마, 아도니람 저드슨 선교사의 뒤를 이어	126
김농원 / 태국, 치앙마이 성시화 운동을 위한 기도	130
김동국 / 우간다, 왕의 자녀를 기르고 돌보며	135
김홍명 / 캄보디아, 한 영혼과 함께하시는 하나님	140
박선교 / 캄보디아, 수도노회 '캄보디아 미션국제학교 개교'(송상원)	144
박철현 / 말레이시아, 정글에 타오르는 복음의 열정	146
이선재 / 한국, 주님께서 품으신 베트남과 한국	154
장상기 / 일본, 다시 부흥을	158

[선교 목회]

김동석 / 베트남, 한국어 교육과 자비량의 오묘한 만남	164
김동지 / 호주, 디아스포라를 품은 이주민 공동체	170
박성일 / 미국, 미국 버지니아에서의 한인교회 목회	176
윤형중 / 홍콩, 85회 졸업 후 홍콩에서...	182
한재현 / 미국, 나를 사용하시는 하나님	198

[에필로그/ 부록]

편집위원장 소회	장완익	194
편집위원 소회	박금일, 장상기, 김바울, 윤형중	196
85회 세계선교사회 회칙		198
85회 세계선교사회 회원		200

프롤로그

그 노래와 찬송이 시작될 때에
여호와께서 복병을 두어 유다를 치러 온
암몬 자손과 모압과 세일산 사람을 치게 하시므로
저희가 패하였으니
(대하 20:22)

발간사

김용섭 선교사
총신 신대원 85회 세계선교사 회장

제주도 해녀들은 산소통 없이 몸통만으로 잠수한다고 합니다. 해녀들은 물속에서는 숨을 참고 작업을 하다가 물 밖에 나와 숨을 쉽니다. 평균 잠수 시간이 35초 정도라고 하는데, 혹시 '겨우(That's all?)' 하면서 그 정도는 나도 참을 수 있어! 라고 생각하는 분들이 있을 수 있습니다. 생각보다 해녀들의 숨 참는 시간이 짧다고 느낄 것입니다. 그러나 물속에서 너무 오랜 시간 숨을 멈추고 작업하면 에너지 소비가 늘어나 물질을 오랫동안 할 수 없다고 합니다. 해녀들은 물속에서 숨을 멈추고 작업을 하다가 숨이 차면 조금 남은 숨으로 물 밖으로 나와 숨을 쉬어야 다시 잠수하는 일을 반복할 수 있습니다. 아무리 물속에서 하는 일이 좋아도 물 밖으로 나와 숨을 쉬어야 다시 잠수하여 같은 일을 할 수 있는 것입니다.

'선교'와 '목회'는 해녀들의 물질과 비슷합니다. 선교 목회란 숨을 멈추고 하는 일이기 때문입니다. 그동안 각자의 선교 목회 현장에서 오랜 시간 숨을 참고 물질하던 우리가 물 밖으로 나와 크게 숨을 쉬는 시간이 금번 85회 동창회 모임입니다. 물 밖으로 나와 숨을 쉬지 않으면 공황장애와 같은 병에 걸린다고 합니다. 공황장애에 걸리지 않기 위해서라도 가끔은 큰 숨을 쉴 수 있기를 바랍니다.

지난 4월 홍콩에서 만난 선교·목회의 동지들이 금번 동창회-33주년 홈커밍데이를 앞두고 작은 글들을 모았습니다. 누구에게는 넘쳐나는 수많은 글 가운데 하나에 불과할지 모르지만, 선교지와 해외 목회 현장에서 지난 30여 년 겪었던 일들을 정리해서 보내준 믿음의 동지에게는 평생을 압축한 시간일 수 있습니다. 바쁜 시간을 쪼개어 글을 써주시고 편집해 주신 모든 동기 선교사들, 특별히 『85회 선교행전』을 발행할 수 있도록 자리를 만들어 주신 총신 신대원 85회 동창회장과 임원들에게 감사의 마음을 전합니다.

축사

권성대 목사

총신 신대원 85회 동창회장

먼저 하나님께 영광과 찬송을 올려드리며,『85회 선교행전』발행을 진심으로 축하합니다. 그리고 선교사님들의 그동안 노고에 박수를 보냅니다. 자녀교육, 언어습득, 비자 발급, 질병 문제, 후원 문제가 한 시도 떠난 적이 없었을 텐데, 그런 중에도 복음 전파를 위해 애쓰셨을 선교사님들을 생각하면 마음 찡합니다.

언젠가 우리 노회에서 선교지를 방문하여 돌아가면서 인사말을 할 때, "선교지에 대하여 감동받지 않게 해달라"고 부탁한 적이 있습니다. 이 자리에 참석했던 노회원 부부들이 우하하! 하고 한바탕 웃고 넘어갔습니다. 그런데 이 말은 그저 노회원들을 웃기려고 던진 농담이 아니었습니다. 선교지는 어느 곳을 가든지 짙은 감동이 있었고, 선교지에 뿌려진 선교사님들의 눈물과 기도를 생각하면 가슴이 저려오는 것입니다. 어떻게든 후원해야겠다는 마음은 생기지만 후원할 수 있는 능력은 한계가 있어, 그저 발만 동동 구르는 경우가 한두 번이 아닙니다. 감동받지 않게 해달라고 부탁했던 선교지에 교회를 짓도록 후원했습니다. 그랬더니 "늘사랑OOO교회"라고 이름을 짓겠다고 해서, '늘사랑'을 빼라고 했습니다.

우리 85회에만 해도 외국에서 선교하고 목회하는 분들이 40명 넘습니다. 목회자도, 교수도 하나님께서 맡겨주신 사명인 줄 알고 열심히 달려왔을 것입니다만, 선교사들만 할까 싶습니다. 선교사들은 전쟁의 최일선에 있는 전사들과 같아서 그 삶이 언제나 극적일 것입니다. 그런데 이런 선교사들의 글을 모아 선교지를 발행한다는 것입니다. "감동받지 말아야 할 텐데 …"

이제 우리는 은퇴를 했거나 은퇴를 앞둔 시점에 와있습니다. 그동안 영적 전쟁의 선두에서 치열하게 살아오셨습니다. 애쓰셨습니다. 얼마나 할 이야기들이 많겠습니까? 이번에 발행된 『85회 선교행전』을 통하여 하나님이 하신 일들을 복기해보시며, 우리 인생의 남은 날들을 위하여 다시(re) 새 바퀴(tire)로 갈아 끼우는 기회가 되었으면 좋겠습니다.

다시 한번 『85회 선교행전』 발행을 축하하며, 이를 위하여 글을 보내주신 모든 동기분, 편집을 위하여 수고하신 분들께 진심으로 감사드립니다.

축사

윤삼중 목사

총신 신대원 85회 동창회 서기

　종교개혁의 새벽 별인 체코 '얀 후스'(Jan Hus)는 체코 프라하 예루살렘 채플에서 설교하면서 "우리의 신앙과 생활의 유일한 법칙은 하나님의 말씀이다."라고 외치다가 1415년, 로마 가톨릭 교황 지시로 화형(火刑)에 처해졌습니다. 장작더미에서 불길이 온몸을 덮쳐올 때, 그는 사랑하는 보헤미아 지휘관 지스카(Ziska) 장군에게 "생명이 다하는 순간까지 진리를 지켜라! 지금은 거위 한 마리가 타 죽지만 장차 여기서 백조가 나오리라."는 말을 한 후에 운명했습니다. 그의 말대로 꼭 100년 만에 종교개혁자 마틴 루터(Martin Luther)가 나왔다고 합니다. 우리가 신대원에서 공부할 때는 작은 거위처럼 보잘것없게 보였던 이들이 하늘의 백조가 되어 33년 동안, 온 세계를 누비며, 복음을 전하는 멋진 동기된 것을 진심으로 축하드립니다.

　우리나라에 복음을 전한 언더우드와 아펜젤러 선교사는 열정적으로 복음을 전할 뿐 아니라 문서선교에 대단한 열심이 있었습니다. 그들은 교육, 선교, 의료선교 외에 교회에서 펴내는 문서선교로서 한국 사람이 부를 찬송가, 읽을 성경, 교리서가 필요하다는 것을 누구보다도 절실히 느꼈습니다. 그러나 한국에는 인쇄소 하나 제대로 없었기 때문에 1888년 1월 3일, 중국 상해에서 문서선교에 종사하고 있는 올링거(F. Ohlinger) 선교사를 통해 인쇄기, 주조기, 절단기 등을 서울로 들여와 1년 넘게 준비하여 배재학당 지하실에 인쇄소를 차려 놓았는데, 그 이름을 「미이미활판소」라 하였고, 출판사는 「삼문출판사(三文出版社)」라 하였습니다. 학교 사역, 병원 사역, 문서선교를 통하여 급속도로 민족 복음화가 이루어졌고, 질적으로 성장하며, 교회가 부흥하는 놀라운 계기가 되었다고 합니다. 이런 선교사들의 아름다운 전통과 유산을 이어받아 문서선교, 영상선교에 전력을 다해야 하겠습니다.

오늘, 귀한 『85회 선교행전』 발간을 진심으로 축하드립니다. 이 책은 선교지에서 헌신적으로 사역하신 선교사의 땀과 눈물의 결실이며, 앞으로 선교를 더욱 풍성하게 만들어 갈 중요한 이정표가 될 것입니다. 선교지 발간을 위한 노력과 수고에 대한 감사를 전하며, 이 책을 통해 세계 복음화와 세워진 교회의 성장이 가속화되기를 기대합니다.

격려사

허성회 선교사
GMS 선교사무총장

"선교의 하나님께 영광!"

전 세계 곳곳에서 복음을 들고 헌신해 오신 제85회 선교사와 해외 주재 동기 목회자의 발자취를 한 권의 『선교행전』으로 엮어낸다는 소식을 접하며, 깊은 감사와 벅찬 감동으로 이 글을 전합니다.

33년 전, 동일한 부르심에 순종하여 함께 걸음을 내디뎠던 우리 85회 동기들은 각자의 사명지를 따라 흩어졌지만, 그 마음은 결코 흩어지지 않았습니다. 서로 멀리 떨어져 있었지만, 기도와 사랑 그리고 복음의 열정을 품고 같은 방향을 향해 걸어온 그 여정은 오늘날에도 여전히 살아 숨 쉬고 있습니다.

보냄 받은 땅에서 한 세대 가까운 시간 동안 묵묵히 씨앗을 뿌리며 하나님 나라를 확장해 오신 선교사 여러분의 걸음은, 바로 이 시대의 사도행전이라 할 수 있습니다. 여러분의 사역은 단순한 개인의 헌신을 넘어, 교회와 후대를 위한 귀한 유산이며, 시대를 넘어 계승되어야 할 복음의 증거입니다.

또한 그 길 위에는 언제나 함께한 동기 목회자 여러분의 기도와 후원이 있었습니다. 그 기도는 선교사들의 등을 떠밀어 주었고, 그 후원은 외로운 광야 같은 선교지에서 멈추지 않게 하는 큰 힘이 되었습니다. 그러하기에 『85회 선교행전』은 누군가의 이야기만이 아닌, 우리 모두의 공동 간증이며 믿음의 열매입니다.
  이 책이 단지 지난 시간을 돌아보는 회고록에 머물지 않고, 다가올 선교의 미래를 여는 영적 불씨가 되기를 소망합니다. 이를 읽는 이들에게는 도전과 위로가 되고, 또 누군가에게는 새로운 헌신의 결단이 되어 하나님의 선교에 동참하는 길로 이끌기를 기도합니다.
  사랑하는 85회 선교사와 목회자 여러분! 지금까지의 수고와 헌신에 깊이 감사드리며, 그 순종의 걸음이 하나님의 나라 안에서 영광스럽게 기억되고, 더욱 큰 열매로 이어지기를 축복합니다.
  "선교의 하나님께 모든 영광을 돌립니다!"

일러두기

전 세계에 흩어져 선교 사역 또는 선교 목회 중에 귀한 글을 제공한 총신 신대원 85회 동기 선교사와 해외 주재 목회자에게 그리고 이 귀한 글을 읽는 독자에게 감사드리며, 본서는 아래와 같은 기준으로 편집되었음을 밝힙니다.

1. 필진과 국가 명은 본명을 원칙으로 하나 보안 등의 특수한 여건일 경우, 가명 또는 약칭을 사용하였습니다.
2. 본문은 선교 수기, 선교 단상, 선교 보고 그리고 선교 목회라는 장르를 기준으로 배열하였습니다.
   1) 선교 수기: 선교사로서의 희로애락을 선교 에세이 성격으로 진솔하게 표현하였습니다.
   2) 선교 단상: 성격과 형식은 소논문에 해당하나 선교 사역과 연관된 신학적 주제를 무겁게 느껴지지 않도록 정리하였습니다.
   3) 선교 보고: 일정 기준에 의한 사역 보고와 기도 제목이 포함된 글입니다(보도 기사 포함).
   4) 선교 목회: 해외에서의 한인 디아스포라 목양 사역 가운데 주신 감동을 기록하였습니다.

3. 각 장르 안에서의 배열은 필진 이름의 가나다순을 기준으로 하였습니다.
4. 본문이 구어체·문어체 혼용으로 표기되었으며, 각 글의 분량과 성격도 다양한데, 이는 필진의 의지를 그대로 반영하였기 때문입니다. 저희 편집위원은 최소한의 기준으로 편집하였습니다. 그리고 본문 가운데 외국어(영어, 한자) 표기가 필요한 부분은 괄호를 통해 표기하였습니다.
5. 본서 각 글의 저작권은 각 필진이 갖고 있으며, 출판과 인쇄 그리고 대외적 배부 등의 경우에는 [85회 세계선교회]가 갖고 있습니다.

[85회 선교행전] 편집위원 일동
장완익, 김용섭, 박금일, 장상기, 김바울, 윤형중, 윤삼중

내 형질이 이루기 전에 주의 눈이 보셨으며,

나를 위하여 정한 날이 하나도 되기 전에

주의 책에 다 기록이 되었나이다.

(시 139:16)

선교 수기

히잡을 쓴 크리스챤

김바울 선교사
GMS 선교사회장, CIS(구소련) 선교사회장

필자는 증조모에게서 내려온 4대째 기독교 신앙 가운데, 대구에서 태어나 7남매와 함께 성장하여 해병대를 제대한 뒤, 코오롱에 근무하다가 뒤늦게 목회자 소명을 받아 신학을 공부하던 중, 신실한 우은주 자매와 결혼하여 3자녀를 키웠는데, 7년 전에 모두 결혼했으며, 5명의 손주를 두고 6대째 믿음의 가문을 이어가고 있다. 대신대학교와 총신 신대원 졸업, 총신 선교대학원 수료 후, 피 끓는 30대에 중앙아시아의 우즈베키스탄 푸른 도시 사마르칸트에 선교사로 첫발을 내디뎠다.

선교로의 부르심

1985년 필자의 바로 밑에 아우가 필자보다 4년 먼저 총신을 졸업하고 미국으로 유학 갔다. 필자는 동생보다 늦게 다니던 직장을 그만두고 목사가 되어 목회를 잘하면서 선교사를 파송하고 돕는 역할을 하려고 했다. 그러다가 1993년 일본 오사카 단기선교를 가서 일본 청년들의 부르짖는 기도 모습에 감동했다. 일본을 갔다 온 이후로 선교에 대한 정보와 훈련으로 관심이 집중되었다. 여름 휴가 중에 부산 고신대학교에서 열린 [선교한국]에 참석하여 선교에 확신을 가져 헌신했다. 선교를 더 공부하기 위해 선교대학원에서 선교학을 계속 공부하였고 파송 준비에 박차를 가하던 중 문제가 생겼다. 파송 교회에서 선교지를 바꾸라고 한다. 6개월 넘게 일어를 배우며 준비했는데 필리핀을 가라고 해서 조사 후 보고하려고 했더니 필리핀 현지 지부에서 필리핀은 지금 선교사가 넘치니 다른 나라로 가라고 한다.

선교지를 위해 기도하던 중 갑자기 당회에서 생전 처음 듣던 나라 우즈벡으로 가라 했다. 지도를 펴 놓고 찾아봤으나 그런 나라가 없었다. 1991년 독립한 나라니 보이지 않았다. 그런데 여행사에 물어보니 그런 나라가 있다고 한다. 구소련 국가 중 하나였다. 용감하게 비행기표를 사서 비자도 없이 여권만 들고 1994년 11월에 혼자 떠났다. 가끔 선교지를 선교사가 선택하고 당회와 이야기를 하다가 틀어지는 경우가 있는데 나는 당회의 부름에 순종함이 하나님께 순종함이라 믿었다. 공항에 도착하여 이른바 도착 비자를 100불 내고 받아 입국하여 2주일 동안 이곳저곳을 돌아다니며 선교사로서 가족이 함께 올 때 어떻게 해야 할까? 히잡을 쓴 이들에게 무엇으로 다가가 복음을 전할까 골몰하며 기도했다.

딸 3명의 쓰리-볼 아빠

우즈벡에 갈 때 제일 큰 염려가 아이들이었다. 그 당시 5살 6살 9살 여자아이만 셋이었다. 나와 아내는 선교 소명의 확신이 있었고 마음도 뜨거운 상태였지만 아이들은 어쩌나? 총회 MTI 23기 훈련을 부부와 세 아이가 함께 대구 서울을 오가며 월요일부터 금요일까지 주 5일씩 6개월 동안 받으면서 아이들 문제로 대구로 내려오면 금요일 저녁에는 교회에서 철야 기도했다. 아이들의 앞날에 대한 염려로 6개월간 기도를 한 것이다. 막연한 두려움과 염려가 그렇게 만든 것 같다. 어느 날 역시 같은 제목으로 기도하는데 하나님의 음성이 들렸다. "아들아 너를 내가 이제까지 키웠고 너와 함께 하는데 네 새끼들을 내가 지키지 않겠니. 뭘 그리 염려하니? 너와 함께 하는 것처럼 너의 세 딸에게도 내가 함께한다." 여호수아 1장 5절과 곧이어 이사야 41장 10절이 떠올랐다. 모르는 말씀도 아니었는데, 하나님 말씀에 대한 확신보다 염려가 더 나를 붙잡고 있었던 것이었다. 이 말씀에 대한 확신이 생긴 이후로 아이들 장래에 대한 기도는 더 하지 않고 전적으로 하나님께 맡기게 되었다.

"하나님 아버지께 다 맡기오니 하나님이 친히 학부형 되셔서 활동해 주시옵소서." 이 아이들은 나중에 저희 부부가 추방당하며 정처 없이 다니게 되므로 데리고 함께 할 수 없어서 한국에 두고 갔다. 세 아이가 중 3학년을 마치고 모두 다 부모와 떨어져 살게 되었다. 중고대학 졸업식에도 한번 같이 못 지내봤다. 기숙사 문을 닫는 놀 토에는 친척 친구 선생님 집이나 찜질방을 돌아다닌 아이들이지만 굳세게 잘 자라 셋 다 결혼하여 믿음의 가정을 이루어 하나님 앞에 쓰임 받고 있다. 계속 내가 키웠으면 이렇게 안 되었을 것 같다. 잔소리에 간섭에 짜증에 기대감에 아이들이 힘들 수 있겠지만 내가 손을 딱 떼니까 하나님이 직접 양육해 주셨다. 큰딸 김은혜(39)는 한국어, 영어, 러시아어 동시 통역사가 되어 외대 교수로 근무하다가 2025년 7월 독일 BFA MK 스쿨에 선교사로 파송을 받아 사역하고 있다. 둘째 김신혜(36)는 서울에서 쥬얼리 사업가로 활동하는 3자녀의 애국 슈퍼 엄마이다. 셋째 김다혜(35)는 SNS에서 인기 있는 파워 인플루언스로 활동하며 세계적으로 영향력을 행사하고 있다.

제1기 사역 현황

필자의 가족은 1995년 1월 4일, 흰 눈이 가득 쌓인 우즈베키스탄에 입국하였다. 중앙아시아의 우즈베키스탄 푸른 도시 사마르칸트 고려기독병원의 초대 원장으로 사역을 시작하여 1995년 1월 15일 사랑교회를 개척하였으며 지금은 현지인 목사에게 위임해서 목회를 잘하고 있다. 소망어린이질병 예방치료센터를 국가에 등록하여 예방치료 사역을 펼쳤고 컴퓨터 센터를 설립해 지역 청소년들에게 비전을 심어주었다. 전투적인 선교 마인드로 활발히 활동하던 중 2005년 12월 4일에 추방되었다. 입국 후 주 파송 교회에 보고할 때 교인들이 기립박수로 환영하며, 2006년 4월에 카자흐스탄 침켄트로 재 파송 받았다. 타사이신학교 사역에 올인하였으나 정부의 신학교 폐쇄 조치로 또다시 그해 10월 17일, 두 번째 추방되었다. 참으로 험난한 시간의 연속이었지만 우리 부부의 선교 열정은 식지 않았다.

제2기 멈추지 않는 새로운 도전

카자흐에서 돌아와 재정비하여 2007년 2월 12일, 지금의 키르기스스탄에서 중앙아시아 개혁신학교 사역을 시작으로 교회 개척을 시작하여 정부에 등록시켰다. 너무나 힘들었던 새로운 개척 시기였다. 아내와 9개월 동안 둘이서 예배를 드린 간 큰 남자였다. 나를 다듬고 갈아내신 하나님 아버지께서는 11월 18일, 겨울에 접어든 시기에 1명의 할머니를 허락하셨고, 친척 이웃 친구들이 가정교회에 나오기 시작했다. 그로부터 꼬박 10년 동안, 30분간을 걸어서 가정교회로 다니며 부흥을 고대했다.

필자는 그동안 보안 때문이라는 핑계로 셋집에서 월세를 주면서 소그룹 모임을 계속했으나 마음속에 부담감이 너무 컸으니 용기를 주시는 하나님을 의지하고 맘껏 모여 예배로 찬양하고 기도하며 교제할 수 있는 승리교회가 세워졌다. 앞으로 후임자에게 인계할 때 문제가 없도록 국가에 정식 등록도 하였다. 주일마다 어린이 예배, 청년대학생 예배, 성인 예배를 드리며 평일에는 키르 국립 법대에서 한국어학과 책임교수로 사역하며 청년대학생에게 한국학을 강의하면서 복음을 전하였더니 자리가 부족하여 2번에 걸쳐 증축하였고, 2024년 5월 25일, 감격스러운 헌당 예배를 드렸다. 3년에 한 번씩 증축하도록 역사하시는 하나님이시다.

2017년 1월, 승리교회 이전 1차 건축(30명)
2020년 4월, 승리교회 2차 증축(70명)
2023년 5월, 승리교회 3차 증축 완료(120명)
2024년 5월 25일, 승리교회 헌당을 하였다.

제한 접근지역인 이슬람 국가 땅에서 2번의 교회 건축을 하고 헌당하니 선교사로서 너무나 감격스러웠다. 우즈벡 사랑교회와 키르 승리교회는 하나님께서 세우신 능력 있는 교회로 잘 성장하고 있다. 특별히 키르 한국어학교수협의회 사역을 통해서 전국 대학생들 대상으로 한국어퀴즈대회, 한국어말하기대회, 한국어백일장, 한국어연극제, 한국어가요제 등의 문화 사역을 하면서 복음과 문화를 대학생들 마음속 깊숙이 심어주고 있다.

선교 모토

선교 없는 교회는 존재하지 않는다는 점에서 선교는 교회의 본질이며 생명이다. 따라서 선교적 삶은 교회가 세상에 존재하는 방식이다. 선교는 하나님이 하신다. 나는 그분의 종이다. 그러므로 살든지 죽든지 충성이다. 오래 참고 기다리며 하나님의 때를 바랄 뿐이다. 조급하면 이스마엘을 낳지만 기다리면 이삭을 낳는다. 말씀에 순종할 뿐이다. 이유나 대꾸가 없다. 하라면 한다. 맡겨준 영혼들을 사랑할 뿐이다. 사랑이 없는 선교는 하지 않을 것이다. 파송 교회나 협력교회에 무리한 부탁을 절대 하지 않고 기도할 뿐이다.

회고하건대, 추방은 새로운 사역의 출발이었다.

오직 주님 의지하는 법을 배우고 깨달았다. 30년 선교하면서 추방을 2회 당했다. 선교지가 세 국가로 바뀌었다. 파송 교회는 선교를 위해 파송 예배를 4번이나 해주었다. 파송 교회 담임목사도 3번이나 바뀌었다. 그러나 파송 교회는 지금까지도 뒷바라지를 잘해주고 계속 기도해주고 있다. 전적인 하나님 은혜이다.

필자에게 남은 일은 현지인 리더십을 잘 키워 우즈벡 사랑교회처럼 이양과 위임을 잘하는 일이다. 이것도 온전히 하나님이 행하시는 일이라고 믿고 필자 부부는 죽도록 선교지에서 충성을 다하고자 한다. 중앙아시아의 크리스챤들은 아직도 히잡으로 그들의 정체성을 가리면서 그리스도를 숨기고 있지만, 그들도 복음을 받아들이고 믿고 있다. 스스로 히잡을 벗고 당당히 그리스도로 옷 입은 중앙아시아의 크리스챤을 고대하며 느리지만 바른 방향으로 히잡을 쓴 그들과 함께 한 걸음씩 걸어가고 있다.

세 독백

문현인 선교사

GMS, 영국 사우햄스턴, 사우햄스턴한인교회 담임

지금은 말할 수 있다. 왜!

2020년 딸아이를 떠나보내고, 아내 간호를 하는 중에 지방의 교단 신학교에서 교수직을 제의받았다. 코로나 시기라 온라인으로 면접을 보고, 며칠이 지난 후 대학교 인사 위원회 승인이 나서 전임 강사로 임용을 받았다. 임용을 받자마자 학교에 공지가 났고, 나는 부랴부랴 강의 계획서를 만들어서 학교에 보냈다. 신대원 2과목과 석사과정 1과목의 강의 계획서였다. 그리고 어떻게 알았는지 지인들이 '너 맞냐?'라고 하면서 연락을 해왔다! 하지만 며칠 고민 끝에 나는 결국 교수직을 포기한다고 학교에 최종 통보하였다. 잠시나마 인생에서 '교수님' 소리를 들었다!

포기의 가장 큰 이유는 당시 아내의 건강이 너무 좋지 않았다. 당시에 아내는 수술을 받고 막 퇴원한 상태로 장거리 비행이 불가능한 상태였다. 학교와 지인들이 아내를 돌볼 사람을 구해서 한 학기만 부탁하고, 나 먼저 귀국했으면 했다. 모두가 쉽지 않은 기회를 놓치지 않기를 바라는, 나를 위한 마음들이었다. 하지만 당시에는 도저히 그럴 수 없었다. 25년 동안 한결같이 딸 아이를 하루 24시간 돌본 아내, 그런 아내를 혼자 두고 갈 생각을 할 수 없었다.

두 번째 이유는 과연 교수직이 나에게 어울리는가?라는 근본적 물음이었다. 20년 넘게 목회하는 나 자신을 돌아보면서 학생들과 재미있게 수업도 하고, 그들에게 좋은 선생이 될 수 있을 것이라는 마음은 있었다. 그런데 한 가지 걸리는 점은 가르치는 일과 더불어 교수(학자)로서 학문을 성실하게 연구할 수 있는 성향이 내게 있는가?라는 물음에 '예!'라고 자신 있게 대답할 수 없었다. 그리고 신학(신약)이라는 한 우물을 파기에는 나 자신이 별 볼 일 없는 일에 너무 관심이 많아서 자신이 없었다는 것이다. 그래서 내 자리가 아니라는 판단이 들어 결국 학교 측에 교수직 포기 통보를 했다.

5년 지난 지금 여전히 조금은 아쉬움이 있지만, 그냥 잘한 결정이라고 나 자신에게 말해주고 싶다. 그냥 이렇게 자유롭게 즐겁게 살다가 가고 싶다!

멀미!

스코틀랜드 아이오나(Iona) 섬으로 여행 가는 동안에 심한 멀미를 했다. 사실 오래전 아버딘에서 석사를 하는 동안에 스코틀랜드 여행을 해야 했었는데, 유학을 오자마자 우리나라가 IMF 관리를 받던 시절이라 그럴만한 여유가 없었다. 런던에서 비행기를 타기 전에 먹은 햄버거가 미처 소화되기 전이었고, 멀미를 피하려고 운전자 옆좌석 앉았지만, 굽이굽이 꺾어진 도로는 내 예민한 반응 능력을 극복하기에는 턱없이 부족했다. 그래도 다행히 앓아누울 정도는 아니었고, 동행한 일행들 덕분에 어찌어찌 여행은 즐거운 시간이었다. (밤사이에 동행한 사람들에게 시 한두 편 낭독해줄 여유는 있었으니.)

오랜만에 멀미는 내 젊은 시간을 소환했다. 어릴 때, 이 멀미 때문에 나는 웬만한 거리는 늘 걸어 다녔다. 가족들 모두 버스를 타고 간다고 하면, 나는 혼자 걸어서 나가거나 집으로 돌아왔다. 촌놈 고향을 떠나 서울에 올라가서 한 번씩 고향에 내려올 때는 늘 기차를 이용하였다. 서울에서 직접 고향 가는 고속버스가 있었지만, 심한 멀미 때문에 늘 익산까지 기차로 가서 익산에서 다시 고향 가는 기차를 갈아탔다. 멀미 때문에 탄 기차는 늘 낭만이었다. 옆자리에 앉을 사람과의 낭만과 기차 안에서 고향으로 가는 길에 산과 들을 바라보는 낭만!

정확한 기억은 없지만, 대학생 때 서울 올라가는 기차 안에서 옆자리에 고향에서 여상을 졸업하고 천안에서 직장 생활하는 선배(?)가 앉아 있었다. 동향이라 인사를 나누고 천안에서 내릴 때까지 많은 이야기를 한 것으로 기억한다. 그런데 그 나눈 이야기의 내용은 기억이 하나도 없다. 그분이 천안에서 내리고 서울까지 가는 동안 나는 전화번호와 같은 연락처를 받지 못한 것을 많이 안타까워했다. 지금도 가끔 그때 생각이 난다! 멀미가 내게 안겨준 추억이다!

전한 말씀의 피드백!

가뭄에 콩 나듯이 거의 연중행사로 타 교회에 예배에 말씀을 나누기 위해 가곤 한다. 이번 주에 런던 북쪽에 있는 선배님 교회에 다

녀왔다. 우리 교회와는 비교가 안 될 정도로 성도들이 많은 교회이다. 이렇게 어쩌다 나가게 되면, 말씀을 전할 시간이 다가오면 긴장 때문에 마음에 조금 떨림이 있다. (신학대학원을 갔다니 고모부가 하신 말씀, 평소 말하는 것을 보니 그것을 어떻게 감당하려고 …) 어제 예배 중에 시편 1편 말씀을 나누었다. 최근에 읽은 구약 관련 서적에서 배움을 배경으로 시편이 말하고자 하는 의인이 누구인가? 라는 주제로 말씀을 전했다.

예배 마치고 이른 저녁을 함께하고 집에 돌아오는데, 이전에 느끼지 못한 아쉬움이 조금 밀려왔다. 예전에는 내가 전하고 나눈 말씀에 대한 피드백(feed back)의 필요, 아니면 피드백 자체가 궁금하지 않았는데, 어제는 전한 말씀에 대한 피드백을 듣고 싶은 마음이 새삼 밀려왔다. 20년 넘게 목회하면서 이런 마음이 들지 않았는데, 어제는 이상하게 달랐다. 조금 일찍 이런 마음이 들었으면 어땠을까? 말씀을 나눈다고 표현했는데, 그동안 너무 일방적인 소통이 없는 그런 시간이었다는 반성이 … 이제 목회를 그만두고 싶은 마음이 들고, 그만하고자 시간이 다가오니 드는 마음인가 싶다!

"이제 가라!"(So now, Go!)

박금일 선교사
GMS, 영국 중부지부, One Nation Church London

"이제 가라"(?)

출애굽기 4장 12절에 나오는 "이제 가라"는 모세를 향한 하나님의 책망조의 말씀이지만 동시에 나와 내 아내를 영국에서 교회를 개척하게 하고 선교사로 만들었던 말씀이다. 실로 우리의 인생의 방향을 완전히 바꾼 말씀이라고 할 수 있다.

1995년에 은사 김세윤 교수의 추천으로 영국 노팅험(Nottingham)에 신학 공부를 하러 왔다가 동-중부(East-Midland)에 위치한 레스터(Leicester)에서 인터내셔널 유학생과 현지인 대상으로 교회를 세우고, GMS 선교사가 되고, 30년을 영국에서 선교 사역을 하며 살도록 한 말씀이니 실로 "성경의 한 구절이 인생을 완전히 바꿀 수 있다"는 산 증거가 아닐 수 없다.

도대체 어떤 일이 생긴 것인가?

어떻게 "이제 가라"는 말씀이 유학을 빨리 마치고 고국에 돌아가겠다는 일념밖에 없었던 자를 영국에서 교회를 세 곳이나 개척하게 하고, 선교사의 꿈을 단 한 번도 가져 본 적이 없었던 사람을 (물론 선교를 위한 기도는 꾸준히 해왔지만) 영국 선교사로 만들었던 것일까? 지금도 적잖은 지인들이 이 사실을 신기해하며 궁금해한다.

예측하지 못한 일을 통해 역사하시는 하나님!

그런데 우리가 믿는 하나님은 어떤 분이신가?

"내 생각은 너희 생각과 다르며 내 길은 너희 길과 달라서 하늘이 땅보다 높음같이 내 길은 너희 길보다 높으며 내 생각은 너희 생각보다 높으니라"(사 55:8-9)는 말씀처럼, 하나님은 내가 전혀 예측하지 못했던 상황들을 직면하게 하심으로 삶의 방향을 바꾸셨다.

1996년 4월 부활절 기간에 나는 레스터 대학에서 열린 '진리의 깃발 목회자 컨퍼런스'(Banner of Truth ministers' conference in Leicester)에 참석하였는데 중간에 한 영국 목회자가 레스터 시내를 돌아볼 수 있도록 안내하여 주었다. 근대선교의 아버지 윌리암 케리(William Carry)가 목회했고 인도로 파송 받았던 교회가 레스터에 있다고 해서 내심 기대가 컸다. 그런데 그 교회(Harvey Lane Baptist Church)는 흔적만 남은 채 없어졌고(호텔로 바뀜), 인근의 한 예배당은 힌두교의 일종인 '제인교 사원'(Jain Centre Leicester)이 되어 있었으며, 시내의 다수의 예배당 건물들이 이슬람교의 모스크와 힌두교 신전과 방송국과 시크교 사원 등으로 바뀌어 있었다. 나는 그 광경에 놀랐고 기독교 국가인 영국에 있는 것이 맞는지 눈을 의심하였다. 특히 윌리암 캐리를 기념하여 세운 교회가 힌두교 신전으로 바뀌어 강단이 있던 앞자리에 불상들이 놓여 있는 것을 보고 큰 충격을 받았다. 나는 할아버지가 주지승(대처승)으로 있던 절간에서 태어나 청소년기에 십대선교회(YFC)를 통해 예수님을 영접하고 목회자가 된 경우였기 때문에 너무 슬프고 안타까웠다. 무엇보다 나를 안내한 그 영국 목회자가 타 종교인들을 선교의 대상으로 보지 않을 뿐만 아니라 예수님을 믿지 않아도 그들 나름의 구원의 길이 있다는 다원주의 신학을 논하는 것을 들으며 나는 영국 교회가 뿌리부터 병들어 있다는 사실을 직시할 수 있었다.

그리고 컨퍼런스 마지막 날, 나는 레스터 대학 도서관에서 박사과정 중에 있는 한 크리스챤 자매를 만났다. 그 자매는 내가 목회자라는 사실을 알고 뛸 듯이 기뻐하였다. 수년 전부터 레스터에 있는 소수 유학생이 모여 한인교회를 세워달라고 기도하고 있었는데 내가 그 목회자인 것 같다고 이야기하며 도움을 요청하였다. 하지만 나는 영국에서 개척하거나 목회할 마음이 전혀 없었기에 만남을 사양하였다. 그런데 며칠 후 그 자매로부터 연락이 왔다. 금요일마다 모여서 기도하던 집에 도둑이 들어 노트북 등을 잃어버려 망연자실하고 있다며 심방을 호소하였다. 하지만 나는 망설였다. 노팅험에서 레스터까지 거리도 멀고 공연히 목회에 연루되고 싶지 않았기 때문이었다. 주섬주섬 먹을 것을 준비하여 문을 나서는 아내의 결단이 없었다면 정말 그곳을 방문하지 않았을 것이다.

그리하여 그곳에 가 보니 지역에 있는 한인 유학생들이 다 모여 있었다. 나는 야고보서의 말씀으로 위로하였는데 설교 후 한 커플이

놀라운 말을 하였다. "목사님이 이곳에 와서 교회를 세우실 분이신 가요? 저희들은 신자는 아니지만 이곳에 오신다면 교회를 다니겠습니다". 그랬더니 다른 이들도 동일한 반응을 보여 심히 놀랐다. 하지만 나의 마음은 여전히 움직이지 않았다. 도저히 교회를 개척할 상황도, 입장도, 환경도 아니다라는 판단 때문이었다.

그런데 노팅험 집으로 돌아온 다음 날 새벽, 나는 평소처럼 성경을 펼쳐놓고 경건의 시간(QT)을 했는데, 본문이 출애굽기 3장이었다. 하나님께서 애굽 바로 왕의 치하에서 학대를 당하고 있는 언약 백성의 부르짖는 소리를 듣고 그들을 애굽에서 인도하기 위해 모세를 보내시는 그 대목에서 나는 강한 하나님의 음성을 듣게 되었다. "이제 가라 이스라엘 자손의 부르짖음이 내게 달하고…"(9), "이제 내가 너를 바로에게 보내어 …"(10 So now, go. I am sending you to Pharaoh to bring my people the Israelites out of Egypt." NIV)라는 말씀을 읽는데 마치 하나님이 나의 망설임을 책망하면서 "너는 레스터로 가서 교회를 세워 하나님의 백성들을 위로하고 인도해야 한다"는 소리로 읽히기 시작했다. 4장 12절에 이르러서는 "이제 가라 내가 네 입과 함께 있어서 할 말을 가르치리라\"는 구절이 붕 떠서 내 눈앞으로 다가오는 환상을 체험하게 되었다. 결국 나는 그 말씀 앞에 무릎을 꿇었고 유학 중이었지만 교회를 개척하고 선교하는 것이 하나님의 뜻임을 확신하게 되었다. 그래서 1996년 5월 30일 '레스터 한인교회'가 탄생하게 되었는데 그때를 기점으로 우리 부부는 두 어린 자녀와 함께 영국선교의 현장으로 뛰어들게 되었다. 선교적 관점에서 영국과 레스터를 탐구하며 선교적 교회를 세워가기 시작했으며 작은 물 맷돌이 골리앗을 쓰러트릴 수 있다는 영적 원리를 체험하며 나아갈 수 있었다.

선교적 관점에서 살펴본 영국 교회와 레스터의 상황

교회사가들에 의해 '개신교 선교의 위대한 세기'로 일컬어지고 있는 19세기에 영국 교회는 기라성 같은 선교사들을 배출하고 세계 선교의 새로운 장들을 열었다. 연안 중심 선교시대(Costa-lands Centered Era)를 연 근대선교의 아버지 '윌리암 케리'(William Carry)로부터 시작하여, 아프리카 선교의 아버지 '데이빗 리빙스톤'(David Livingstone), 내륙지방 선교시대(In-lands Centered Era)를 연 '허드슨 테일러'(Hudson Taylor), 개신교 성직자로서는 처음으로 한반도에서 순교의 피를 흘린 '로버트 토마스'(Robert Jermain Thomas) 등은 모두 영국 교회가 배출한 선교사들이었다. 또한 퀘이커교(Quakers), 감리교(Methodist), 구세군(Salvation-Army) 등 다양한 교단 및 선교 단체의 창설 및 전파를 통하여 세계 선교 운동을 주도한 것도 영국 교회의 저력이요 공헌이요 후대 교회에게 전달된 위대한 영적 유산이었다.

하지만 내가 본 레스터에서는 이러한 영적 유산을 찾아보기 힘들었다. 이 지역은 '14세기의 복음주의자'요, '종교개혁의 샛별'이며 최초로 라틴어 성경을 영어로 번역한 '존 위클리프'(John Wycliffe)가 11년 동안 사역했던 곳이며(Lutterworth Church), 15세기 종교개혁자 '휴 라티머'(Hugh Latimer)가 태어나고 활동한 지역이고, 위에서 언급한 '퀘이커'(Quakers) 운동의 창시자인 '죠지 폭스'(George Fox)가 출생하고 활동한 지역이고, '윌리암 케리'(William Carey)가 목회하며 인도 선교를 준비하던 곳이었다. 또한 19세기 영국의 복음주의 설교자로 명성이 높았던 '로버트 홀'(Robert Hall)이 태어나고 목회한 지역이며, '존 웨슬레'의 감리교 운동이 많은 영향을 끼치던 지역이고, '성경 인물 강해 설교가'로 명망이 높았던 '마이어'(F. B. Meyer)가 목회했던 지역이다. 한 마디로 선교의 전진기지 역할을 했던 곳이다.

그런데도 이곳의 교회들은 소수의 복음적인 교회를 제외하고는 종래의 선교적 열기를 찾아볼 수 없었다. 대다수 교회는 '자유주의 신학'과 '종교 다원주의'(Religious pluralism)와 '후 근대주의'(Post-Modernism)에 깊이 물들어 타 종교인들을 선교 대상으로 보지 않았으며 교회는 날로 쇠퇴하고 있었다. 약 50만 명의 시민 중 비 백인계가 50%가 넘고 아시안계가 40%가 넘는 다인종 도시(Multiracial City)임에도 불구하고, 이들에 대한 전도(선교)는 매우 척박한 상태였다. 설상가상으로 예배당은 타 종교에 계속 팔려나가 힌두교 사원(약 20개), 모스크(약 72개), 시크교 사원(약 12개) 힌두교 방송국 등으로 바뀌었는데, 그야말로 레스터 지역은 '역 선교지'(reverse mission field)로 변모하였던 것이다.

이런 와중에 선교의 주인이신 하나님은 이 지역의 택함 받은 자신의 백성들을 구원하고 인도하기 위하여 유학생으로 영국에 온 우리 부부를 전혀 예측하지 못한 방법으로 부르셨고 소수의 예비된 헌신자들과 함께 교회를 개척하게 하셨다. 다양한 국가의 유학생들과 현지인들을 대상으로 전도하였는데 하는 사역마다 성령의 강한 인도하심이 있었고 구원받고 세례받는 자들이 많았다. 급기야 하나님께서는 우리의 사역을 눈여겨보며 격려와 도움을 아끼지 않던 WEC 선교회 지역대표 존 안틸(John Antil)과 SIM 선교회 영국 대표 케이스 와커(Keith Waker) 그리고 FIC의 앤디 업톤(Andy Upton) 목사의 권면과 추천으로 고국에 들어와 총회선교훈련원(MTI)에서 특별과정을 수료하고, 2004년에 GMS 영국 주재 선교사로 임명받게 하셨고, 그 후 20년을 영국에 선교사로 살면서 다양한 선교 사역을 감당하게 하셨다. 인터내셔널 교회를 세워 16개국 출신의 성도들이 모여 예배를 드리도록 역사하셨고, 대규모의 기도 운동과 전도 운동을 일으키도록 이끌어 주셨고, 교회개척신학교(Amnos)에서 교회 개척자들을 양성하도록 기회를 주셨으며, 중국 동포들 및 탈북자들과 중동 난민들(주로 이란인)을 영국교회와 함께 섬기도록 인도해 주셨는데 실로 "이제 가라"는 말씀이 맺은 열매라고 할 수 있을 것이다.

보내시는 선교사 하나님

예수님은 요한복음 17장과 20장을 통해 삼위 하나님은 근본적으로 선교사라는 사실을 밝히셨다. 성부 하나님은 자신을 세상에 파송한 선교사이시며 성자 하나님인 자신도 제자들(교회)을 세상에 보내고 일하는 선교사이시며 성령 하나님도 제자들을 세상에 보내고 일하는 선교사이심을 설파하셨다(요 17:18; 20:21; 행 13:2-4). 성부께서 하라고 하신 일인 하나님 나라의 복음을 위하여 본인이 세상으로 파송되었음을 친히 강조하셨을 뿐만 아니라(요 17:4-5; 눅 4:43-44) 이를 위해 교회가 세워졌고 존재한다는 사실을 반복하여 말씀하셨다(마 20:19, 행 1:4, 8). 이런 점에서 아담이 하나님과의 언약을 어기고 죄를 지어 죽음의 길로 나아갈 때 그들을 구원하기 위하여 먼저 찾아오시고 가죽옷을 지어 입혀 주신 에덴의 하나님은 세상에 자신을 보내는 선교사의 전형이 되며(창 3장), 하나님의 사랑은 선교의 뿌리이며 동기가 되고 본질이 됨을 알게 된다(요일 4:9, "하나님의 사랑이 우리에게 이렇게 나타난 바 되었으니 하나님이 자기의 독생자를 세상에 보내심은 그로 말미암아 우리를 살리려 하심이라"(참고: 요 3:16-17; 엡 1:4). 그리고 새 하늘과 새 땅에서 이루어질 저 에덴의 회복과 완성을 위한 하나님의 선교를 위하여 오늘날도 삼위 하나님은 계속해서 사람을 세우고 보내시는 일을 하시는데, 그 계획 속에 우리 부부와 자녀들도 있었던 것이었다고 감히 고백하고 싶은 것이다. 아무쪼록 결코 짧다고 할 수 없는 30년의 영국의 삶 가운데서도 선교사의 초심을 잃지 않고 선교의 주인이신 하나님의 마음을 시원하게 해드리려고 애쓰며 살도록 인도하여 주신 하나님 아버지께 큰 감사와 영광을 돌린다.

사람 선교와 말씀 선교 30년

이희열 선교사

인도네시아 자카르타, 국제풀뿌리선교회 대표

1995년 선교사로 파송 받았기에 어느덧 30년입니다. "주님! 한 사람을 주셔서 그 한 사람을 세우게 하소서." 이것은 선교 초기부터 지금까지 변함없이 주님께 드리고 있는 저의 선교 기도입니다. 선교사로서의 저의 목표는 단 한 사람이었습니다. 한 사람을 온전히 세운다면 선교의 목표를 이루게 되는 것이고, 그 후 본국으로 돌아와 주님께서 맡기시는 다른 사역을 하게 될 것으로 기대했습니다. 그래서 파송될 당시, 주님께 먼저 10년간 선교사로 헌신하겠다고 약속드렸습니다. 선교 사역을 제대로 잘 감당할 수 있을지 확신이 없었기에, 일단 10년간 최선을 다하고 나서 선교사로서 합당한지를 재평가한 후, 재파송 여부를 결정하려 했습니다. 그 '한 사람'을 찾기 위해 저는 목사요 선교사이며, 영국에서 신학을 공부한 사람임에도 인도네시아 현지 대학의 경제경영학부 교수와 국립대학 한국학센터 교수로 사역했습니다. 현지 대학에서 강의하면서 기독 청년들과 함께 공동체 훈련을 10년간 진행하며 '한 사람'을 세우기 위해 힘썼습니다. 바나바 지도자 훈련원에서는 월요일부터 금요일 오전까지, 새벽기도부터 밤 9시까지 함께 생활하며 공부하고, 시장보고 요리하여 식사하고, 기도하는 공동체 생활 훈련을 했습니다. 훈련은 6개월 또는 4개월 단위로 진행되었고, 훈련생들은 금요일 오후부터 주일 저녁까지 흩어져 이웃 사랑을 실천하고 복음을 전하며 영혼을 치유하고 회복하는 사역에 전념했습니다. 훈련 후에는 다음 기수의 훈련생들을 위한 스태프로 섬겼습니다. 10년 동안 총 13기의 훈련이 진행되었습니다. 그렇게 훈련받은 학생 중에는 교수가 된 이도 있고, 변호사나 사업가가 된 이도 있으며, 가장 많은 수가 인도네시아 전역에서 목회자요 사역자의 길을 걷고 있습니다.

10년을 돌아보았을 때, 선교사로서 저에게 큰 부담이 있었던 것은 바로 무슬림 선교였습니다. 세계 최대의 무슬림 인구를 가진 나라에서 선교사로 사역하면서 무슬림 선교에 더욱 힘썼어야 했지만, 정작 무슬림들 가운데서 열매를 거두지 못했습니다. 외국인으로서 무슬림에게 효과적으로 접근하기가 쉽지 않았고, 일반 대학의 교수로 있으면서도 무슬림 학생들과 종교적인 대화를 나눌 기회는 많지 않았습니다. 그래서 10년 사역을 마무리하는 시점에, 저는 하나님 앞에 솔직한 고백의 글을 썼습니다. "주님! 저는 선교사로서 직무를 유기한 것 같습니다. 무슬림 선교를 위해 일반 대학 교수까지 되었지만, 성공적이지 못했습니다. 다음 10년도 그렇게 성공적일 것 같지 않습니다. 그러기에 저는 이만 선교사의 직책을 내려놓고 조용히 안식년을 가지며 새로운 사역의 길을 찾고자 합니다."

그때 마침 아내의 건강이 심각하게 악화되어 있었기에, 사직서를 주님께 제출하고 안식년을 시작했습니다. 그런 저에게, 주님은 다시 찾아오셨습니다. 세상에서의 성공을 추구하던 청년을 선교사로 부르셨던 주님께서, 이번에도 저의 마음에 인자하고 온유한 감동으로 물으셨습니다. "나를 위해 다시 한번 인도네시아로 들어가 줄 수 있겠니?" 그 물음 앞에 저는 "주의 종이오니, 주께서 명하시는 대로 순종하겠습니다"라고 대답할 수밖에 없었습니다. 의사 선생님은 아내가 인도네시아로 재입국하는 것을 매우 염려하며 약봉지를 가득 챙겨주셨습니다. 그러나 놀랍게도, 주님은 입국한 지 한 달 만에 아내의 건강을 회복시켜 주셨습니다. 순종한 이후, 주님께서 사역을 앞서서 인도하시는 것을 경험하고 있습니다.

새롭게 사역을 시작하면서 주님은 새로운 비전도 함께 주셨습니다. "너는 인도네시아 목회자들에게도 성경 과목을 가르쳐라!" 그전까지는 청년들에게만 성경을 가르쳐왔기에, 목회자들에게도 성경을 가르칠 필요가 있는가 하는 의문이 들었습니다. 그러나 어느 교단 총회장의 요청으로 인도네시아 목회자들에게 성경을 가르치기 시작했는데, 그 일이 지금까지 계속 이어지고 있습니다. 신학대학원을 설립하여 성경학 석박사 과정을 운영하고 있으며, 인도네시아 전역에서 풀뿌리선교회가 설립되어, 풀뿌리 선교적 교회 운동, 건강한 목회 컨설팅, 말씀 사역이 현지인들을 중심으로 활발하게 진행되고 있습니다. 이로써 MBB(무슬림 배경의 신자)를 돕는 사역과 인도네시아 목회자들을 위한 재훈련 사역을 동시에 감당할 수 있게 되었습니다.

주님은 또다시 저의 마음에 감동으로 임하셨습니다. "너는 다리 사역(Bridge Ministry)을 하라." 저는 이 말씀을, 한국의 목회자들과 신학자들, 지역 교회들을 인도네시아 교회와 연결하여 사역하라는 뜻으로 이해했습니다. 그래서 '국제풀뿌리선교회'를 조직하였고, 80여 명의 목회자와 신학자들이 동역하면서 여러 지역 교회를 방문하며 목회 연수 사역을 감당하고 있습니다. 이 사역을 위해 주님께서 신반포교회와 홍문수 목사를 만나게 하셨습니다. 신반포교회는 인도네시아를 위한 풀뿌리선교적 교회의 최상의 모델이기 때문입니다. 또한 8개국(몽골, 남수단, 동티모르, 캄보디아, 태국, C국, 인도네시아, 대만)의 풀뿌리 네트워크 선교사들을 통해서 풀뿌리 선교 운동은 전 세계로 확산되고 있습니다.

코로나를 지나며 주님의 말씀은 제 마음을 감동하셨습니다. "인도네시아 목회자들을 위해 줌을 사용해 비대면 사역을 하라." 그리고 "전 세계에 흩어져 사역 중인 한인 선교사들을 위한 줌(Zoom) 강의도 시작하라." 줌이 무엇인지도 잘 모르는 상태에서, 단지 순종하는 마음으로 인도네시아 목회자들과 한인 선교사들을 위한 줌 강의를 시작했습니다. 2021년부터 시작된 이 줌 강의 사역은 어느덧 4년째 계속되고 있으며, 지금도 매주 월요일과 목요일 저녁, 전 세계의 한인 선교사들이 어김없이 줌으로 들어와 필요한 강의를 통해 무료로 은혜를 받고 있습니다. 지금까지 풀뿌리아카데미에 참가한 한인 선교사 수는 연인원 약 10,000명을 넘고 있습니다. 2023년 12월 기준 KRIM 통계에 따르면, 장기 선교사는 21,917명이라고 합니다.

한인 선교사의 절반 정도가 연인원으로 참여한 셈입니다. 강사들의 사례는 지금까지 국제풀뿌리 후원비로 충당을 해 오고 있습니다.

주님께 감사드리는 것은, 부족한 제가 '한 사람'을 위해 기도했을 뿐인데, 여러 사람을 말씀 전문가로 세우는 일까지 맡기셨다는 사실입니다. 전략 중심 선교(Strategy-Centered Mission)에 집중하던 제가, 이제는 말씀 중심 선교(Text-Centered Mission)가 선교의 중심이 되어야 한다는 새로운 선교 운동을 조용히 시작할 수 있도록 은혜를 주셨습니다. 이 말씀 선교 운동은 한국 선교사들에게만 필요한 것이 아닙니다. 전 세계 선교 현지에 세워진 신학교의 교수들과 학생들, 그리고 선교 현장의 목회자들에게도 시급한 사역입니다. 그래서 말씀 선교 사역 훈련을 위해 **그라페 선교 아카데미(Graphe Mission Academy, GMA)**를 준비하고 있습니다. 이 말씀 선교 아카데미 훈련은 한국에서 선교 사역을 준비하는 기독 교수들, 외국인 유학생들 그리고 선교 후보자들을 성경 한 권을 주해할 수 있도록 준비시키는 훈련입니다. 주께서 이 선교훈련원을 위해 준비된 일꾼들을 보내 주셔서, 말씀 선교를 위해 잘 훈련된 선교사들이 온 세계에 파송되는 새로운 선교 운동이 시작되기를 소망하며 기도합니다.

가나 다곰바에서 SIM 한국 대표까지

장두식 선교사
SIM 한국 대표

2025년 8월 27일은 우리 부부의 선교사 파송 30년 기념일이다. 돌이켜 보면 언제 그 세월이 지나왔는지, 마치 엊그제와 같다. 그동안 수많은 일이 있었지만, 무엇보다도 지금까지 함께하신 하나님의 손길과 베푸신 은혜를 찬양한다.

가나 땅에 처음 발을 디딜 때, 두 자녀는 만 5살과 3살이었다. 2년 후에는 가나에서 막내아들을 덤으로 주셨다. 1988년에 선교사로 하나님의 부르심을 받아 신대원에 입학했고, 공부하는 중에 MTI에서 선교 훈련을 받으며 준비해서, 1997년 7월 1일에는 설레임을 안고 가나 공항에 도착했다.

다곰바 땅에서

몇 주간의 오리엔테이션을 거치고 가나 수도 아크라에서 640km 북쪽에 있는 다곰바 종족의 땅 타말레로 갔다. 남부 가나보다 더 더웠다. 도로는 모두 비포장 흙길이었으며, 길가의 집들은 모두 흙먼지를 뒤집어써서 흙 색깔이 났다. 월세를 내는 집을 구해 들어갔는데 수도 파이프가 연결은 되어 있었지만 물은 거의 안 나와서 처음엔 작은 트럭 뒤에 드럼통을 싣고 거의 매주 물을 길으러 다녔다. 전기도 당시에는 거의 매일 저녁 6시면 나가서 11시나 되어야 들어왔다. 날씨도 더운데 선풍기도 틀 수가 없었다. 그러다 보니 처음 4년간은 말라리아도 많이 걸려 죽을 만큼 아픈 고통을 6-7회나 겪어야 했다. 게다가 그 땅은 무슬림이 90% 이상인 곳이다 보니 새벽 4시면 확성기에서 나오는 이슬람 기도 소리에 잠을 깨는 영적인 싸움도 엄청났다. 지금 돌이켜 보면 처음 4년은 그야말로 영육 간에 생존하기 위해 치열하게 몸부림쳤던 기간이었다. 그래도 이들의 말을 배우기 위해 온 힘을 다했다. 일주일에 이틀은 물 전기 아예 없는 마을에 들어가 먹고 자며 말을 익히고 이들의 문화도 배웠다. 당시에는 아직 휴대폰이 안되던 때라 가족들과는 이틀간 전혀 연락되지 않았다. 내가 마을에 들어가 있었던 어느 날, 집에는 물이 거의 다 떨어져서 쌀을 씻고 밥을 지을 물이 없어서 아내 이계옥 선교사는 고이 간직하며 아껴 먹던 라면을 아이들과 함께 끓여 먹을 수밖에 없던 적도 있다. 지금 돌이켜 보면 아내와 자녀들의 희생으로 이들의 말을 아주 잘 익힐 수가 있었다. 오직 그들의 말로 복음을 전해야겠다는 일념으로 온 열정을 쏟았다.

배추에 목숨을 걸고

언어를 배우기 시작하고 6개월쯤 되었을 때 가족들과 함께 640킬로 떨어진 수도 아크라로 휴식 차 내려갔다가 우리가 사는 다곰바 땅에서는 볼 수 없는 중국 배추를 발견했다. 한국 배추와 비교하면

엄청나게 뻣뻣하고 특이한 향도 있지만, 한국 배추는 꿈도 꿀 수 없는 우리에게는 그것도 황금 보물을 발견한 것과 같았다. 얼마 만에 김치를 담궈 먹을 수 있는 것인지, 생각만 해도 입에 침이 고이고 가슴이 뛰었다. 엄청나게 큰 광주리에 한가득 배추를 샀다. 그런데 문제는 그 뜨거운 날씨에 배추를 픽업트럭 뒤에 싣고 12시간을 운전해 간다면 보나 마나 반 이상은 시들어져서 못 먹게 된다는 것이었다. 얼마나 아까울 것인가? 그래서 길도 안 좋은데 마치 응급 차량처럼 쏜살같이 운전했다. 배추를 살리기 위해서. 12시간 걸리는 길을 9시간 30분 만에 끊었다. 몇 주 후 기도 시간 중에 하나님의 음성이 들렸다. "복음에 목숨을 건다고 여기에 와 놓고는, 네가 배추에 목숨을 걸었구나." 얼마나 부끄러웠는지 모른다. 그깟 배추가 뭐라고 하마터면 온 가족과 함께 일찍이 이 땅을 떠날 뻔했다.

제자훈련과 지도자 훈련

2년간 집중적으로 말을 배운 후에는 아직 유창하진 못해도 오지 시골 마을로 매주 들어가서 이틀간 함께 먹고 자며 그들의 말로 제자훈련을 했다. 그 길은 그야말로 차가 갈 수 없는 길이라서 엄청나게 험했다. 이틀 중에 하룻밤은 리더들이 있는 마을로 가서 플래시를 켜서 불을 비춰가며 전도 집회를 열어 복음을 전하기도 했다. 이 과정을 통해서 나는 그들의 말을 더 유창하게 익힐 수 있었다. 그들과 함께 잠을 자는 방은 흙으로 지은 둥그런 초가집인데 어느 날은 전갈이 나오기도 하고, 내가 잠든 방은 아닌데 그 식구들의 한쪽 방에 코브라가 나오기도 했다. 다행히도 나는 전갈이나 뱀에 물린 적은 없으니 얼마나 감사한지 모르겠다. 사실 그 당시에는 그런 것보다 말라리아모기가 제일 무서울 때였다. 말라리아에 걸리면 거의 2~3일간은 머리가 터질 것처럼 아프고, 일주일간은 초 죽음이었다. 하지만 말라리아에 걸릴 때마다 하나님의 은혜는 오히려 차고 넘쳤다. 눈물로 하나님께 회개하기도 하고, 하나님께서 한없이 추한 죄인을 구원해 주신 것도 감사한데, 영광된 선교사의 직분을 맡겨주신 것이 얼마나 감사한지 눈물을 쏟았다.

한 달에 사흘간을 함께 먹고 자며 훈련하는 모바일 지도자 훈련을 하며 헌신 된 일꾼들을 길러내는 목회 훈련을 했다. 정식으로 신학교 교육을 받은 일꾼들이 거의 없던 때에 영어를 모르는 대부분 현지인에게 현지어로 훈련을 했다. 그 열매로 현재 그 다곰바 땅에는 40여 개의 크고 작은 교회가 세워졌다.

뒤집힘

이렇게 부지런히 사역하려면 차를 몰고 들어가야 한다. 형편없는 비탈길 위로 선교 차량을 운전해 가야 했다. 더군다나 모임 장소로 가는 길가에 있는 마을의 사람들을 차량 뒤 트렁크에도 싣고 가야 했다. 어느 날은 모임 장소로 가다가 한 마을에서 갑자기 아픈 환자가 있으니 병원까지 데려다 달라고 사정을 하여 싣고 갔는데, 병원에 도착한 지 15분 만에 운명하였다. 이번에는 다시 그 시체를 싣고 마을로 데리고 왔는데, 뒤 트렁크가 아닌 뒷좌석에 앉혀서 양쪽에서 부모가 붙잡고 왔다. 우리 애들이 앉는 자린데, 뭐 때문에 죽었는지도 모르는데, 에이즈는 아닌지, 전염병은 아닌지, 사람이 죽었지만 슬퍼할 겨를도 없이 별별 생각을 다 하며 그 나쁜 길을 마구 빠르게 달렸다. 또 어느 날은 3일간의 훈련을 마치고 혼자 운전하여 집에 오는 길에 노후된 차량의 한쪽 바퀴 베어링에 문제가 갑자기 생겨 그만 그 비탈길의 경로를 벗어나 차가 완전히 한 바퀴 굴러서 뒤집혔다. 그 사고가 있기 2년 전에 한번 뒤집힌 적이 있었는데 또 뒤집힌 것이다. 그래도 하나님께서는 나를 또 살려주셨다. "이 땅에 아직 내가 필요하여 살려주셨구나. 우리 가족을 위해 살려주셨구나" 생각하며 얼마나 감사했는지 모른다.

그 땅에 있은 지 12년 되었을 때, 하나님은 스스로 사역과 영적인 상태를 점검해 보도록 이끄셨다. 이번엔 차량이 아니라 내가 영적으로 확 뒤집혔다. 지난 12년간 수많은 땀을 흘리며 사역하고 헌신했지만, 돌이켜보면 그 땅에 흘린 눈물이 너무도 부족했다는 깨달음을 주셨다. 얼마나 많은 눈물을 흘리며 회개했는지 모른다. "네 땀과 헌신과 노력으로만 되는 것이 아니다. 네가 이 땅에 눈물을 쏟으면 내가 일하리라"+는 하나님의 음성을 듣고는 정신이 번쩍 들었다. 그때부터 더욱 기도의 사람이 되겠다고 아직까지 몸부림치며 분투하고 있다.

기도팀 사역

영적으로 새롭게 된 이후에 함께 제자훈련을 해왔던 앤드류와 파타우에게 하나님께서 주신 깨달음을 나누고 기도팀으로 모이자고, 그 땅을 위해 눈물 흘리는 기도의 용사가 되자고 함께 다짐했다. 기도팀의 이름은 "119 기도특공대(119 Prayer Army)"였다. 수년간 함께 기도하던 중에 하나님께서 기도팀에게 이런저런 사역을 갖다 주셨다. 가난한 중학생들을 지원하는 장학금 사역, 과부들을 선정하여 암염소 두 마리를 사주고 복음을 전하는 사역, 먹을 양식이 없어 굶주리는 빈곤자들 구제 사역들을 했다. 이 모든 것 위에 기도의 사역에 더욱 집중했다. 매주 월요일에는 금식하며 기도하기도 했다.

코로나의 위기 그러나 오히려 기회

2020년 3월, 가나도 코로나를 피할 수는 없었다. 4월부터 방역지침이 내려졌다. 대면 예배도 전격적으로 중지되었다. 기도팀의 리더들과 함께 모여 기도하며 다 같이 주님의 뜻을 구했다. 그 암흑 같은 시기에 우리가 무엇을 해야만 할지를 찾았다. 코로나로 많은 사람이 죽어 가는 이때 제일 시급한 것이 무엇일까를 기도하며 구하다가 드디어 답을 얻었다. 그것은 바로 가장 기본적이지만, 가장 가치 있고, 가장 시급한 영혼 구원이었다. 예수님에 대해 들어보지도 못하고 죽어 가는 사람들에게 가서 복음을 전하는 것이었다. 3겹 면마스크를 만들어서 전달하며 한 사람씩 만나 복음을 전했고, 전도 훈련을 통해 전도자들을 배출하기도 했다.

복음화 2% 미만이었던 다곰바 종족, 지금은 23% 복음화

1997년 우리가 처음 그 땅에 발을 디딜 때는 복음화율이 2% 미만이었는데, 지금은 23%가 복음화되었다. 하나님께서 하신 일들이 너무도 위대하고 감격이다. 그 부흥의 자리에 부족한 종을 참여시켜 주신 것이 너무나도 감사하다. 2024년에 한국으로 귀임하기 전에 '세계 선교 기도의 날'을 매월 1회 정해서 현지 성도들과 함께 모여 세계를 가슴에 품고 기도하기 시작했고, 지금도 자체적으로 계속하고 있다.

한국 SIM의 대표직을 맡아 귀국

3일 금식 중에 하나님께서 그동안의 종족 사역은 "충분하다"라고 말씀하시며, 새로운 사역의 장을 열어 주셨다. 부족한 종을 한국 SIM 대표로 부르시고 그 직을 맡겨주셨다. 아프리카 오지에서 오직 한 종족을 위해 전력으로 26년을 사역했던 내가 2024년 3월부터 대표 자리를 맡아 좌충우돌하며 땀을 뻘뻘 흘리고 있다. 오직 하나님의 도우심을 의지한다.

미안함 … 그리고 고마움

선교사로 지낸 30년 세월. 절대 짧지 않은 시간을 지나오면서 돌이켜 보면 자녀들과 아내에겐 너무나도 미안하다. 그리고 고맙다. 그 오지도 마다하지 않고 함께해 준 아내와 큰 불평 없이 자라준 자녀들에게 고맙다.

후원교회와 성도님들의 기도와 격려가 없었다면 선교지에 계속 있을 수가 없었을 것이다. 무엇보다도 지켜 주시고 살려 주신 하나님의 그 은혜, 부족해도 기다려 주시고 또 기다려 주신 그 사랑이 아니었으면 결코 가능한 세월이 아니었다. 오직 주님만을 찬양하며 간증을 마친다.

사이공에서 프놈펜까지 인도하신 주님

장완익 선교사

GMS, 아신대학교(ACTS) 조교수,
캄보디아교회사연구원(ICCHI) 설립자/이사장

1. 한국에서 29년

지금부터 약 100년 전, 1902년생인 저희 조부는 20대 총각 시절의 어느 날, 고산(高山) 읍내에 5일 장(場)을 보러 갔으며, 돌아오는 길에 흰 두루마기를 입은 한 서양인 선교사가 노방 전도하는 장면을 보았는데, 그날 이후 그 귀에는 "야소(耶蘇)"라는 단어가 쟁쟁거렸습니다. 그게 무슨 의미인지 전혀 모르던 저희 조부는 먼 길을 걸어 어느 교회의 조선인 사역자를 만나 '야소'는 곧 '예수 그리스도'라는 것과 함께 복음을 전해 듣고, 그 자리에서 예수 그리스도를 구세주로 영접하였습니다.

그러나 저희 조부가 살던 동네에는 교회가 없었고, 저희 조부는 아내와 자녀 모두에게 복음을 전하였으나 별 효력이 없던 차, 마을에 교회가 세워지기를 바라는 간절한 기도와 함께 급기야 "제게 손주를 주시면 주님께 받치겠습니다"라는 서원 기도를 하기에 이르렀습니다. 주님께서는 이 두 가지 기도를 모두 응답하셨는데, 당시

전라북도 안의 무 교회 지역에 교회를 세우고자 기도하던 고 탁명환(현대종교 발행인, 당시 전북대학교 철학과 졸업반) 선생을 만나 6·25 동란의 잔흔이 채 가시지 않았던 1956년 9월, 제가 태어나 자랐던 동네에 양화(양야리 양+화정리 화)교회를 세웠으며, 1964년 5월에 태어난 저는 조부의 손을 잡고 그 교회에 출석하기 시작했습니다.

저는 중고등부 시절, 그때까지 교회 출석을 하지 않던 제 부모를 주님께 인도하였으며, 교사/성가대/지휘와 반주 등으로 전북대학교 입학 이후까지 양화교회를 섬겼습니다. 그리고 대학교 2학년을 마치고 해군에 자원입대하였고, 그때 어릴 적 조부를 통해서 만났던 예수 그리스도를 또 한 번 인격적으로 만나게 되었는데, 그 경험은 전역 이후 대학교 3학년에 복학하여 취업을 준비하던 때까지 이어졌으며, 결국 4학년 2학기에 예수 그리스도의 부르심으로 이어졌습니다. 이때 저는 전주 성산교회(담임 진용식 목사)에 출석했었는데, 신구약 성경에서 말하는 복음이 무엇인지 구체적으로 깨달음과 동시에 "복음 전하는 일군"(고전 9:14)으로서의 부르심을 받았습니다.

그리고 이 부르심을 준비하고 감당하기 위해 1989년 3월, 총신대학교 신학대학원에 입학하였으며, 3년간, 신학 교육과 함께 타 문화권 선교사 훈련을 받았습니다. 그리고 그 기간, 창대교회(고 김종덕 목사) 교육전도사로 목양 훈련을 받았으며, 1990년 2월 20일에는 신학생 겸 선교사 후보생이었던 아내 변옥선 자매를 만나 결혼하였고, 그 이후 주님께서는 두 자녀-호수, 다래를 선물로 주셨습니다. 이어 1992년 2월, 총신 신대원 85회 졸업과 함께, 그해 10월 13일에는 황동노회 정기노회에서 목사 안수를 받았고, 1993년 10월 31일, 약 5년간 사역했던 창대교회에서는 저희 가정을 베트남 주재 선교사로 파송하였으며, 아내와 어린 자녀들보다 몇 개월 먼저 베트남 호찌민시에 도착한 저는 베트남어 연수를 시작하였습니다.

2. 베트남에서 13년

베트남은 공산당을 통한 사회주의 정치 체제를 유지하고 있으며, 그렇기에 외국인에 의한 종교와 사회 문화에 대한 영향력은 엄격하게 제한하고 있습니다. 그럼에도 모든 베트남인에게 구원의 소식을 전하라는 주님의 부르심을 따르던 저는 베트남 입국 약 2년 만인 1995년 7월, 약 20명의 베트남인 대학생에게 3박 4일간의 "디모데훈련" 프로그램을 개설하였으며, 여러 과목 가운데 사도행전은 제가 직접 강의하면서 수료식을 하고 마치는 것으로 준비하였습니다. 그런데 마지막 날 오전의 제 강의 시간에 전혀 예상하지 않았던 일이 발생하였는데, 훈련 장소인 베트남 공인교회당 뒷문이 활짝 열리면서 20여 명의 정복 경찰, 사복 경찰 등이 순식간에 몰려들었고, 그중 몇 명은 제 성경책과 강의안 그리고 저의 모든 활동이 기록된 다이어리를 압수하였으며, 집에 보관 중인 여권마저도 가져오도록 했습니다.

그때부터 저는 경찰로부터 집중 조사를 받았으며, 입국 비자 목적 외의 활동을 한 중범죄자 한국인으로 낙인찍히게 되었습니다. '48시간 이내 본국으로 철수'라는 추방 결정을 받아들이기보다 더 힘든 것은 그때부터 시작된 동료 선교사들의 싸늘한 눈초리 그리고

'왜 이런 일이 나에게?', '평생 선교지로 헌신한 베트남인데 …'라고 기도하던 나에게 무응답으로 일관하신 하나님이었습니다.

다행히 그해 11월, 비자 만료 일자까지 체류하던 저는 비자 만료 일자에 맞추어 귀국하였으며, 그해 한국에서의 성탄절을 눈 내리던 기도원에서 보냈고, 1996년 1월, 당시 캄보디아에서 사역하던 고 오형석 선교사 부부를 찾아가 이런 제 마음을 다 털어놓고 많은 대화를 나누었으며, 주캄보디아 베트남대사관에 신청한 베트남 입국 비자를 받고 저는 가족이 기다리는 베트남에 재입국하였습니다. 그리고 그때부터는 '복음 증거'라는 면도 중요하지만 어려운 이웃을 돌보는 '구제와 긍휼'이라는 면을 중요시하면서 국제개발협회(고 김태환 목사) 베트남지부를 설립하여 NGO 사역을 펼쳤고, 그로 인해 베트남 정부에서 수여하는 사회사업 훈장을 받기도 하였습니다.

1997년 말부터 1998년까지, 한국의 IMF(International Monetary Fund, 국제통화기금) 위기를 온몸으로 부딪치며 유치원과 한국학 과생 장학생 양성 사역을 하던 저희는 한국에서의 수술이 필요한 베트남인 목회자 부부와 함께 1999년 1월 말, 지난 6년의 아픔을 치유하고 재충전과 회복을 기대하며 그리운 고국에서 첫 안식년을 갖고자 한국에 갔습니다. 그러나 파송 교회는 이미 교단에서 이단으로 판명한 다락방과의 연루 건으로 뒤숭숭했으며, 교회당 관리자(사찰)가 떠난 방을 사용하면서 새벽기도회 운전부터 교회 주방 관리를 포함한 일을 맡게 되었습니다. 그해 겨울은 얼마나 추웠는지…. 베트남 더위에 적응되었던 제 가족, 특히 여섯 살과 일곱 살인 자녀는 외부에 있던 화장실을 갈 때마다 너무 힘들었고, 저희의 이러한 생활을 지켜보던 제 친구는 몇 개월 뒤, 반지하 방을 얻어주었습니다.

그해 3월, 저는 선교사 파송 이전에 입학했던 총신대학교 선교대학원에 복학하였으며, 7월부터는 1998년 말에 설립된 본 교단 선교본부 GMS(총회세계선교회) 아시아 지역 담당 사역 국장으로 업무를 시작하였습니다. 당시에는 GMS 센터가 서울 강남구 대치동 총회 회관에 있었는데, 3월 말 사임으로 파송 교회가 없던 상태였기에 파송 교회를 소개받고자 옮긴 발걸음이 GMS 본부 사역이라는 그리고 고 김활영 초대 사무총장과의 귀한 만남이라는 선물로 이어졌고, 2000년 10월, 두 번째 파송 교회를 만나 베트남에 돌아와 주님의 귀한 선교 사역을 이어갈 수 있었습니다.

그러던 어느 날, 베트남 정부에서 내렸던 '일정 기간 베트남 입국 정지 결정'이 유효함에도 지금 그 당사자가 베트남에 입국하여 활동하고 있는 점이 드러나게 되면서 또 한 번, 저는 베트남 측과 엄중한 과정을 거칠 수밖에 없었으며, 제3국에서 새로운 비자를 받아 베트남에 다시 입국함으로 다행히 기존의 베트남 사역을 이어갈 수 있었습니다.

그러나 2004년이 시작되면서 한국 오만원권 위조지폐 제작, 대규모 탈북자 문제가 제 거주지 주변에서 발생하였고, 무엇보다도 해외에 기반을 둔 반(反)베트남 정부 활동 단체와의 통신 연결이 제 개인 휴대전화기로 이루어진 점(소수 종족 대학생 제자가 미국 삼촌과의 통화를 위해 잠시 사용했음) 등은 베트남 정부가 가장 민감해하는 소수 종족 사역 그리고 심지어는 반정부 활동에까지 관여하고 있다는 판단 아래 제 베트남 비자는 연장되지 않았으며, 이에 저는 기존 비자가 만료되는 그해 12월 25일 성탄절 밤, 다시 돌아올 기약 없이 베트남을 떠나게 되었습니다. 그리고 그때까지의 지하 성경학교, 가정교회, 교회음악 사역자훈련 및 제자훈련 사역 등은 후임 선교사와 동역자가 이어받았습니다.

3. 캄보디아에서 19년

저와 가족은 싱가포르에서 약 1년 반 정도 안식년을 갖고 2006년 6월 15일, 두 번째 선교지인 캄보디아에 입국했습니다. 캄보디아는 베트남에서 마음껏 하지 못했던 교회 개척 사역도, 기독교 교육 사역도 그리고 한국의 많은 장로교단이 하나의 캄보디아장로교회 이름으로 연합하여 사역하는 모든 면에서 주님께서는 저에게 또 한 번의 기회를 주셨습니다. 특별히 9학년과 7학년으로 진학하면서 청소년 사춘기 절정에 이른 자녀-호수와 다래에게는 더는 부모 선교 사역으로 인해 학교나 교회의 오랜 친구 관계가 단절되는 일이 없어야겠다는 다짐으로 이어졌고, 감사하게 이 다짐은 실천으로 이어졌습니다.

2006년 6월부터 2013년 8월까지 캄보디아에서 여러 지역에 교회와 기독교 국제학교를 설립하였으며, 캄보디아장로교공의회(CPCC) 사무·행정 업무를 그리고 대외적으로는 라오스·베트남·캄보디아로 구성된 GMS 메콩개발기구(멕도) 선교연구소장으로 그리고 고 김활영 선교사 중심으로 세워진 아태아지도자개발연합(ATEA) 사무총장으로 섬겼습니다.

그러던 2012년 초, GMS에는 상당히 심각한 문제가 발생했으며, 그해 5월부터 24개월 동안, 저는 GMS 본부로부터 선교사 파송 해지, 즉 일종의 면직(免職) 처분을 받았습니다. 몇 개월 전 파송 교회로부터 중단 통보를 받았었는데, 이로 인해 새로운 파송 교회를 찾을 수 없음은 물론이고, 이때 대학에 입학하는 자녀-다래는 아버지 소속 선교 단체에서 선교사 가족 증명서를 발급받을 수 없었기에 어느 곳에도 선교사 자녀 장학금 신청을 할 수 없었습니다. 그럼에도 불구하고 주님께서는 남매가 미국 펜실베이니아주 해리스버그에 소재한 한 대학에서 같이 공부할 수 있도록 인도하셨으며, 저희 부부는 2013년 9월부터 한국과 미국 뉴헤이븐에 있는 OMSC(Overseas Ministries Study Center)에서 세 번째 안식년을 가졌고, 2014년 6월, 안식년을 마치고 캄보디아에 복귀하면서 지금의 파송 교회(성남노회 소속 한남교회, 담임 문찬호 목사)와의 만남을 통해 그리고 아신대학교(ACTS) 선교학 연구 전담 조교수 사역을 통해 이 아픔을 치유해주시면서 GMS의 모든 행정 절차도 원만하게 회복되었습니다.

2014년 7월부터의 캄보디아 선교 사역에는 외국인 선교사 중심에서 현지 캄보디아인 중심이라는 그리고 교회 개척에서 선교 개척이라는 사역 핵심 개념의 변화가 있었습니다. 특별히 역사와 민족 그리고 주인 의식이 상대적으로 취약한 캄보디아 교회를 대상으로 '캄보디아교회사연구원(ICCHI: Institute for Cambodia Church History)'을 설립하여 캄보디아 선교/교회 역사를 연구하고 훈련하기 시작하였으며, 캄보디아장로교신학대학교에서는 '캄보디아 교회사'를 가르쳤습니다. 그리고 2013년 5월, 이방 민족에게 나라와 민족을 빼앗긴 이스라엘 회복을 위해 부르심 받은 에스라의 지도력 개발을 모델로 그리고 캄보디아인 청년 대학생 인재 양성을 위해 에스라장학재단(Ezra Foundation of Cambodia, 스 7:10)을 설립했으며, 그 구성원을 이끌고 동남아시아 여러 나라와 함께 한국을 방문하고, 석박사 과정에 유학하도록 길을 제시하고 안내하였습니다.

4. 모든 것이 주님 은혜이며, 주님께서 인도하셨습니다.

지난 61년 인생과 32년 베트남/캄보디아 선교 사역 모두 주님 은혜이며, 주님께서 인도하셨습니다(협력·연합·팀 정신 배경).

- 베트남에 정부 허가의 베트남장로교회(교단)가 세워졌으며,
- 캄보디아에 세워진 여러 지교회와 유치원·학교 자립을 향하여 나아가고 있고, 장로교 연합으로 교단과 신학교가 세워졌고, 캄보디아교회사연구원 통해 교회사 연구 & 개발과 훈련이 시행되고 있고, 에스라장학재단 통해 여러 청장년이 사회 지도자로 세워졌으며,
- 90세 모친과 칠 공주 자매(세 누나와 네 여동생) 전심으로 기도와 후원에 동참하고 있고,
- 아들·딸 결혼하여 잘살고 있고, 아들은 두 명의 손주를 안겨주었으며,
- 앞으로 아신대학교 조교수로 4년 그리고 GMS 선교사로 9년 더 일해야 하는데, 주님 약하고 부족한 종에게 더 큰 은혜를 베푸소서!

하나님께서 친히 걸어가신 선교의 여정
중국 미전도종족 가운데 나타난 하나님의 은혜와 섭리

허성회 선교사
FAITH INTERNATIONAL UNIVERSITY, U.S.A, 문화교류학(DIS) 박사,

AX국 운남민족대학교 초빙교수

하나님은 언제나 그분의 뜻과 계획 안에서 하나님의 백성을 찾아가시며, 세상의 관심 밖에 있는 자들을 향해 먼저 손을 내미시는 분이십니다. 중국 운남성의 험준한 산악지대, 이름조차 생소한 미전도종족 나시족을 향한 하나님의 사랑은 그렇게 시작되었습니다. 사람의 눈에는 보이지 않았지만, 하나님은 그들을 잊지 않으셨고, 그들의 영혼을 구원하기 위한 거룩한 선교의 여정을 친히 이끄셨습니다.

하나님께서 품으신 중국과 미전도 종족
하나님께서는 1995년 1월, 교단 선교부인 총회세계선교회(GMS)를 통해 중국을 향한 선교의 문을 열어 주셨습니다. 당시 많은 교회가 조선족 선교에 집중하고 있었을 때, 하나님께서는 세상의 관심

밖에 있던 중국의 미전도 종족(소수민족)을 하나님의 마음에 품으셨습니다. 중국 인구의 8%에 해당하는 소수민족은 오랜 세월 외면 당해 왔지만, 하나님은 그들을 잊지 않으셨고, 특히 운남성의 나시족을 향한 사랑을 보여 주셨습니다. 하나님께서는 그 땅과 민족을 위해 기도하게 하시고, 그들을 향해 순종의 발걸음을 떼게 하셨습니다. 험한 산길과 깊은 계곡, 해발 3,000-4,000m 높은 지역에 살아가는 이들을 만나기 위해, 하나님은 복음의 발걸음을 인도하셨습니다. 말씀 한마디에 귀 기울이며, 찬양으로 하나님을 높이는 그들의 순수한 마음을 통해 하나님은 많은 감동과 도전을 허락하셨습니다. 하나님의 복음은 서양 선교사로 하여금 150여 년 전에 이 땅에 심으셨고, 하나님은 그 씨앗이 오늘에 이르러 열매를 맺게 하셨습니다.

하나님께서 시작하신 거룩한 프로젝트

하나님은 운남 땅에서 복음의 역사를 시작하셨습니다. 나시족을 위한 20년의 장기 선교 프로젝트가 하나님의 계획안에서 시작되었고, 하나님은 그 일에 필요한 모든 자원을 채우셨습니다. 하나님은 의사를 비롯하여 농업기술자, 컴퓨터, 유치원 교사 등 평신도 선교사들 중심으로 12가정의 선교팀을 세우셨고, 현지인들과 함께 동역하게 하시며 동반자 선교의 아름다운 길을 걷게 하셨습니다. 하나님은 그 땅에 54개의 교회를 세우게 하셨고, 그중 12개 예배당을 건축하게 하셨습니다. 나시족 약 5,000명이 복음을 듣게 하셨으며, 그들 가운데 많은 이들이 예수 그리스도를 주로 영접하고 하나님의 자녀로 살아가게 하셨습니다. 하나님은 또한 자립적인 교회를 위한 토대를 마련하시기 위해, 두 곳의 지도자 훈련센터를 세우게 하셨고, 신학 교육의 필요를 따라 서남개혁신학교를 설립하게 하셨습니다. 그곳에서 하나님은 섬김과 훈련의 열매를 맺게 하셨고, 그 모든 여정에 늘 함께하셨습니다. 무엇보다도 하나님께서 친히 이루신 가장 큰 은혜는, 17년 만에 이 모든 사역을 현지 교회에 이양하게 하신 일입니다. 처음부터 끝까지 모든 사역은 하나님의 손에서 비롯된 것이며, 하나님의 주권 가운데 완성된 거룩한 은혜의 역사였습니다.

하나님의 은혜 속에서 보호하신 기적의 순간들

하나님은 이 사역의 여정을 통해 단지 복음만을 전하신 것이 아니라, 그 모든 과정에서 하나님의 능력과 보호하심을 친히 드러내셨습니다. 복음을 전하려는 길에서 수많은 위기와 위험 속에서도 하나님은 지키시고 보호하셨습니다. 성경을 전달하기 위해 깊은 산속의 현지교회를 향해 가던 길에 검문소에서 간발의 차이로 발각될 수 있는 위험 앞에서 하나님은 길을 피하게 하셨습니다. 집회 중 공안들이 들이닥쳐 체포될 위기 속에서도 하나님은 피할 길을 열어 주셨습니다. 해발 3,500m를 넘는 험한 계곡을 차를 타고 지나던 중, 갑작스럽게 산꼭대기로부터 돌덩어리들이 떨어지며 계곡으로 추락할 뻔했던 그 순간에도 하나님은 손으로 막아주셨습니다. 교통사고로 머리와 가슴이 눌려 숨조차 쉴 수 없었던 순간, 하나님은 다시 숨을 쉬게 하셨고 생명을 보존하셨습니다. 그 외에도 셀 수 없는 크고 작은 위험과 위기 속에서, 하나님은 한 번도 외면하지 않으셨고, 언제나 가장 필요한 때에 손을 내밀어 구원하셨습니다. 그 모든 순간은 하나님의 손길이 아니고서는 설명할 수 없는 은혜의 기적이었습니다.

하나님의 은혜로 완성된 사역

이 모든 것은 사람의 힘이나 지혜로는 도저히 감당할 수 없는 일이었습니다. 하나님은 사역을 시작하셨고, 하나님은 복음을 전하게 하셨으며, 하나님은 그 백성을 구원하셨습니다. 사역의 주체는 사람이 아닌 하나님이셨습니다. 그동안 하나님은 운남 땅 나시족 가운데 놀라운 일을 행하셨고, 그 일의 마침표 역시 하나님께서 찍으셨습니다. 하나님의 때에, 하나님의 방식으로, 하나님의 교회에 사역을 온전히 이양하게 하신 그분의 섭리는, 지금도 선교의 현장마다 신실하게 이어지고 있습니다. 하나님은 여전히 선교의 하나님이시며, 영혼을 찾으시는 목자이십니다. 그분의 은혜로 말미암아 시작된 이 사역은, 오늘도 하나님의 영광을 드러내고 있으며, 앞으로도 하나님의 뜻 가운데 계속될 것입니다.

하나님께서 확장하신 선교의 지경

2013년 7월, 하나님은 뜻하지 않은 고난을 허락하셨습니다. 중국 정부의 추방 명령으로 인해, 하나님께서는 3일 이내에 사역을 정리하게 하셨고, 중국에서의 모든 사역을 하나님의 손에 맡기게 하셨습니다. 비록 눈물과 아쉬움 속에서 떠났지만, 하나님께서는 이 시간조차도 그분의 계획안에 두셨고, 온전히 현지교회에 사역을 이양하게 하셨습니다. 사람의 계획과 달리, 하나님의 완벽한 섭리가 그 모든 과정을 이끄셨습니다.

　귀국 이후에도 하나님은 멈추지 않으시고, 계속해서 선교의 새로운 길을 인도해 주셨습니다. 교단 선교부인 총회세계선교회(GMS)에서 선교사들을 섬기는 일에 헌신하게 하시고, 선교사의 영적 건강과 사역의 열매를 위해 힘쓰게 하셨습니다. 2024년 9월, 하나님은 GMS 선교를 총괄하는 선교 사무총장으로 선출되게 하시고 귀한 사명까지 맡기시며, 오늘도 하나님 나라의 확장을 위한 사역을 계속하게 하셨습니다. 모든 길은 하나님께서 여신 길이며, 모든 사명은 하나님의 손에 있었음을 고백합니다.

하나님께 드리는 감사와 고백

　지금까지의 모든 여정은 오직 하나님의 은혜였습니다. 하나님께서 부르셨고, 하나님께서 사용하셨으며, 하나님께서 친히 이루셨습니다. 저는 그저 하나님의 손에 들린 작은 도구에 불과했습니다. 선교의 주체는 언제나 하나님이셨고, 사람은 그저 하나님의 손에 들린 도구일 뿐이었습니다. 하나님은 지금도 여전히 일하시며, 주님의 영광을 위해 그 걸음을 멈추지 않으십니다. 그 은혜에 감사드리며, 이제 다시 하나님 앞에 기도드립니다.

　"하나님! 남은 인생도 오직 주님께 드립니다.
　주님의 나라와 영광을 위하여, 나를 사용하소서."

선교 단상

코로나 앤데믹 시대
한인 디아스포라 교회의 선교적 과제

김용섭 선교사

태국한인교회 담임, 한인디아스포라(KDF) 아시아 대표

근래에 와서 젊은 세대가 교회를 떠나고 교회에 대해 무관심 혹은 반기독교적 정서를 가지고 있음을 보게 된다. 과거와 비교해 교회는 더 많은 예산과 시간을 젊은이들의 눈높이에 맞추어 사용하고 있음에도 불구하고 젊은이들에게 교회와 기독교 문화는 비호감의 대상이 되고 있다. 교회 내부의 젊은이들은 점점 더 내부지향적이 되고 외부의 젊은이들은 점점 더 외부 지향적 되어 가고 있다. 교회 내부의 젊은이들은 점점 외부와 단절되어 가고 외부의 젊은이들은 교회로부터 점점 멀어져 가고 있다. 감사한 일은 그래도 교회 내부의 젊은이들 가운데 복음을 위해 헌신하는 자들이 아직 있다는 것이다. 문제는 선교사로 헌신한 젊은이들이 너무 교회 중심적이고 내부지향적이라는 것이다.

선교사가 된다는 것은 선교지 문화권 속에서 생활하는 것이다. 먹고 입고 자는 것이 선교지 문화권 속에 있고 거기서 친구를 사귀

고 관계를 맺으며 삶 속에서 그리스도의 복음의 영향력을 드러내는 것이 선교이다. 그런데 교회 중심적이고 내부지향적인 삶에 익숙했던 젊은 선교사가 언어, 문화, 정치, 경제의 경계를 뛰어넘는 외부 지향적 삶을 과연 살 수 있을까? 한국에서 복음의 영향력을 나타내본 경험이 없는 사람이 선교사가 되어 타 문화권에 가서 과연 그 일을 잘할 수 있을까? 교회 중심의 생활에 익숙해 온 사람이 선교사로 나가서 기독교에 대하여 비호감의 타 문화권에 살면서 복음의 영향력을 나타낼 수 있을까?

태국한인교회는 교회 개척 초기부터 한인교회라는 특별한 생각을 하기보다 선교지에 개척된 여러 현지 교회 가운데 한 교회로 이해하였다(참고로 태국 현지 교단인 C.C.T. 총회는 조직교회 승인기준을 세례교인 30명 이상으로 제한하고 있으며, 세례교인 30명 미만의 교회는 살라탐(미조직 교회)이라는 별도의 명칭을 사용하고 있다). 현재까지 C.C.T. 산하 교회는 세례교인이 30명 이상이 될 때 조직교회로 인정하는 교회승격 예배를 노회가 주관하여 드리고 있다. 선교지의 교회 개척원리로 볼 때 선교지에 세워진 교회는 회중이 현지인이든 한인이든 또는 교회 개척의 주최가 선교사이든지 외국자본에 의해 세워진 교회이든 세워진 교회는 현지 교단에 소속하는 것이 바른 선교 원리라고 생각한다. 태국의 경우 아쉽지만, 대부분의 한인교회는 담임목사가 소속한 한국교회 교단에 가입되거나 일부의 경우 독립교회 형태로 있는 경우가 많다.

태국한인교회가 소속한 태국기독교 총회(Church of Christ in

Thailand)에는 상회비라는 제도가 있다. 상회비 제도란 지교회 헌금 수입 총액의 10%를 노회에 노회 수입액의 10%를 다시 총회에 상회비로 납부하는 제도이다. C.C.T. 총회의 상회비 제도는 한국교회의 일반적인 노회 분담금과는 근본적으로 성격이 다른 제도로 태국교회 노회와 총회의 중요한 수입원이 되고 있다. 태국한인교회가 속한 C.C.T. 7노회 2019~2020년 회계연도 상회비 수입 총액은 약 2억1천5백만 원이며 그 가운데 태국한인교회가 상회비로 납부한 금액은 약 2천9백만 원으로 전체 상회비의 약 13%를 차지하였다. 지난 30년간 이와 같은 지속적인 상회비 납부는 현지 교회가 한인교회를 신뢰하게 하는 근거가 되었다. 그뿐만 아니라 노회 산하 현지인 교회를 3곳 개척하고 매월 정기적인 교회 개척 지원금을 납부하는 일 등으로 인해 현지 교회는 한인교회에 대하여 매우 높은 수준의 신뢰감을 가지게 된 것이다.

태국한인교회의 설립원칙은 처음부터 선교적 교회를 실천하는 것이었다. 그 첫 번째 실천이 이미 살펴본 대로 현지 교단에 가입하는 일이었다. 그래서 교회설립 4년 차인 1994년과 6년 차인 1996년에 아직 태국한인교회도 자체 예배 처소 없이 호텔을 매주 빌려 예배드리면서도 각각 현지인 교회를 개척 설립하게 되었다. 랄프 윈터는 서구 선교가 저지른 가장 큰 실수는 선교지에 교회는 세웠지만 (planted churches) 선교는 전수하지 않은 것(didn't plant missions) 이라고 했는데, 그 말을 잊지 않고 현지인 교회 개척이라는 선교적 교회의 모습을 실천한 것이다.

태국한인교회가 태국 현지 교회를 개척할 때 한인교회 단독으로 지교회 형식으로 설립할 수도 있으나 그렇게 하지 않고 현지 교회인 7노회와 협력하여 개척하는 방법을 채택하였다. 그뿐만 아니라 현지에 세워져 도시교회 개척을 전문 사역으로 하는 선교 단체가 이 일을 주도적으로 하게 하였다. 그래서 교회설립 시작 단계부터 한인교회는 교회 설립에 필요한 재정을, 현지 교회는 교회 설립에 필요한 법적, 행정적인 지원을, 현지 선교부는 한인교회와 현지 교회 사이의 다리 역할을 하면서 현지 교회를 개척하였다. 지난 20년간 이렇게 하여 세워진 현지 교회가 2020년 현재, 7노회 안에 총 17개 교회로 그 가운데 3개 교회는 태국한인교회가, 14개 교회는 외부교회의 지원으로 세워져 왔다. 현지 교회를 개척할 때 현지 교단과 협력하면 얻게 되는 장점이 많다.

첫째, 개척한 교회들이 현지 교단에 속해서 사역함으로 교회나 사역자들이 현지 교단과 노회의 관리 감독과 지도를 받게 되고 신분과 사역 면에서 안정적이라는 것이다.

둘째, 한인교회가 재정적으로 개척교회를 지원하지만 직접 돈을 주고받지 않고 현지 교회의 규칙에 따라 노회를 통해서 전달하게 되므로 재정 때문에 생기는 주는 자와 받는 자 사이의 불필요한 문제들을 미리 방지할 수 있게 된다.

셋째, C.C.T. 교단과 노회가 가진 제도적인 장점(의료보험, 연금제도, 자립 정책)들을 함께 공유하게 되므로 사역자나 재정적으로 지원하는 한인교회의 부담을 덜어주고 사역자들이 안정적으로 사역할 수 있게 한다는 것이다.

넷째, 교회와 사역자들과 성도들이 정통성 있는 교단에 속하게 되므로 소수자 의식(minority conscious)에서 벗어나 자부심을 느끼고, 더 활기찬 신앙생활을 하게 한다는 것이다.

다섯째, 한인교회가 가진 역동적이고 진취적인 교회 개척의 정신을 현지 교단과 교회에게 직접 보여 주게 되어 교회 개척에 소극적인 현지 교회들이 교회 개척에 나서도록 동기를 부여한다는 점이다.

그러나 장점 못지않게 단점도 있다. 태국 현지 교단은 역사가 오래되었기 때문에(1934년에 C.C.T. 총회 설립) 오래된 불합리한 제도와 규칙을 쉽게 바꾸기 어렵다는 점이다. 때로는 신앙과 신학적 전통이 맞지 않아 곤란한 경우도 있다. 그럼에도 현지 교단과 협력하는 것은 합리적이며 효율적이라 생각되며 만일 현지 교회가 하지 않거나 할 수 없는 사역이라면 몰라도 이미 오래전부터 하는 사역을 제쳐두고 마치 아무것도 없는 것에서 시작하는 것처럼 한인교회가 독자적으로 교회 개척한다면 현지 교회에 대한 예의가 아니다. 2024년 2월, 33살의 장년이 된 태국한인교회는 설립 초기부터 선교적 교회로 출발했고 현지화의 방향으로 나아가고 있으나 아직도 선교적 교회로서 부족한 점이 많다.

그 첫째 이유는 주기적으로 계속 바뀌는 한인 성도들에 대한 지속적인 선교 교육의 부족함이다. 일정 기간 상사 주재원이나 유학으로 나온 성도들의 관심은 우선적으로 자신들의 진로와 성공이다. 그들에게 선교는 낯설고 먼 주제일 수밖에 없다. 따라서 선교지에 살고 선교지 교회에 출석하지만, 한인교회 성도들은 선교에 대하여 의외로 무지하며 선교적 교회에 대하여는 더더욱 무관심하다.

태국한인교회는 현지 교단에 가입된 교회이며 현지 교회에 토착화된 시스템을 갖춘 교회이지만 성도들에게는 현지의 언어, 문화, 생활관습으로 차이로 여전히 현지 교회가 낯설기만 하다. 1년에 불과 몇 차례 있는 현지인들과 함께하는 예배와 행사는 한인 성도들에게 지루한 일상사가 되고 있다. 선교의 동기를 주기 위해 함께하는 현지인 교회와의 활동이 알아듣지 못하는 언어, 다른 환경 등으로 오히려 선교에 대한 기대와 열정을 상쇄시키기도 한다. 따라서 목사는 선교에 소극적인 성도들을 격려하여 계속해서 선교에 동원해야 한다. 성도들에게 선교가 무엇이며 선교적 교회가 무엇인지에 대한 끊임없는 교육과 훈련이 필요한 것이다. 선교사는 한 개인이 헌신하고 이해하면 되지만 한인교회는 전 성도가 이해하고 헌신해야 하므로 시간이 걸리며 때로는 이해 못 하는 성도를 설득하는 긴 과정이 필요하기도 하다.

한인교회 성도들의 태국에 대한 이해가 현지 선교사들에 비해 부족하다. 예를 들면 태국은 소승불교 문화이다. 소승이란 작은 수레(small vehicle)란 의미로 혼자 수도하고 홀로 극락에 이르겠다는 이기적인 사람들이 태국인이다. 태국에 처음 왔을 때 들은 이야기이다. 두 사람이 싸울 때 절대로 싸움을 말리지 말라는 것이다. 싸움을 말리면 싸움을 말리는 사람이 오히려 화를 당하기 때문이라는 것이다. 남의 일에 간섭하는 것을 거의 하지 않는 사회이다. 이것은 협력이 어렵다는 명백한 증거이다. 협력한다고 해도 손해 볼 것을 각오하고 해야 하는 문화이다. 태국한인교회는 지난 33년간 선교적 교회로 현지화된 교회로 동반자처럼 살아왔다. 현지 교회에 물질적으로 인적으로 무수한 지원을 했음에도 불구하고 그 흔한 감사패 하나 받은 적이 없다. 한국적 정서에 익숙한 한인 성도들에게 현지 교회의 이러한 태도가 미안할 뿐이다. 담임목사는 이와 같은 태국의 문화와 관습을 한인 성도들이 이해하도록 계속적으로 교육하고 설득시키지 않으면 안 된다. 지속적인 가르침과 훈련을 통해서만이 선교적 교회의 사명을 다할 수 있는 것이다. 지난 30년의 선교지 경험을 통해서 얻은 것은 태국인을 이해하고 태국 사회를 이해하지 않고 하는 모든 선교는 결국 서로에게 아픔과 상처만을 남기게 된다는 것이다.

수십 년을 태국인과 함께 먹고 자고 살아온 선교사도 태국인이 이해되지 않는데 하물며 몇 개월에서 몇 년을 살다가는 성도들에게 태국이라는 선교지는 이해되기보다는 오해되는 부분이 훨씬 더 많을 것임이 틀림없다. 선교사는 자신만 선교적 마인드를 가지면 되지만 한인교회 목사는 전 성도를 선교사 마인드로 만들어야 하는 부담감이 있다. 선교지에 얽힌 다양한 이해관계의 극복, 한인 디아스포라 교회 성도의 구성원은 대부분 한국이나 다른 지역에서 신앙생활을 하다가 회사의 발령으로 정해진 기간, 주재원으로 오는 성도들이 대부분이다. 이외에 자영업이나 자녀교육을 위해 오는 성도들도 일부를 이루고 있다. 현지에 뼈를 묻겠다고 오는 분들이 거의 없기 때문에 이들의 교회에 대한 헌신의 정도는 낮을 수밖에 없다. 전부는 아니지만, 헌금 생활에서도 본국의 교회와 현지 교회에 나누어야 하는 경우도 있고, 일부 성도는 아예 본국 교회로 헌금을 하는 경우도 적은 수이지만 있다. 제한된 숫자이지만 평신도 선교사로 임명을 받아 오는 성도들도 있다. 회사의 발령으로 나올 때 본국 교회에서 평신도 선교사로 파송한다. 물량주의와 과시주의 선교사 파송 정책이 이와 같은 결과를 만들어 내고 있는지 모르지만, 이분들은 자신들을 평신도 선교사로 임명한 본국 교회의 지시를 따르기 때문에 교회가 정한 선교 방향으로 일하기보다는 자신들의 개인적인 선교사역에 열심을 낼 수밖에 없다. 그래서 때로는 선교지에서 좌충우돌하는 경우가 있다. 또한 교회 안에서의 호칭은 집사인데 밖에 나가면 선교사로 호칭되는 등 정체성의 혼선으로 본인은 물론 주변 성도들도 혼란에 빠트릴 때도 있다. 심지어는 선교헌금을 공공연하게 모금하여 물의를 일으키기도 한다.

태국을 비롯한 동남아시아는 대부분 선교지이기 때문에 성도들이 한국에서 다니던 교회에서 파송한 선교사들이 종종 있다. 또한 개인적으로 친분이 있는 선교사나 가족 가운데 선교사가 있는 경우, 학교 선후배 가운데 선교사가 현지에서 사역하는 경우 알게 모르게 관계를 맺지 않을 수 없다. 그 때문에 한인교회가 선교적 교회로 나아가는데 극복해야 할 크고 작은 문제들이 생기게 되는 것이다. 차제에 문제 극복을 위한 하나의 제안을 한다면 이와 같은 평신도 선교사들을 한인교회가 공개적으로 인정하고 그를 파송한 교회와 연결하여 현지에서 일정 기간 훈련을 시켜 평신도 선교사로 임명한다면 한인교회가 선교적 교회로서의 역량이 더 확대될 것으로 생각한다. 선교적 교회란 교회 중심이라기보다 하나님 나라 중심이라고 해야 옳다. 그래야 평신도들의 다양한 형태의 선교 사역 동참을 긍정적으로 바라보고 지원할 수 있기 때문이다. 해외 한인교회가 나아가야 할 건강한 선교 사역의 방향성 두 가지를 제안하면서 소고를 마친다.

첫 번째, 욕심을 부리지 않는 것이다. 나의 것으로 가득 찬 나를 내려놓고 그 안에 다민족이 들어올 공간을 만들 때 다민족 예배공동체의 희망이 보이는 것이다. 예로부터 십장생의 하나로 알려진 학은 천년 만에 푸른색으로 변하여 청학이 되고 다시 천년이 되면 검은색으로 변하여 현학이 되는 불사조로 믿어오고 있다. 학의 장수 비결은 무엇일까? 모든 동물이 마찬가지겠지만 음식을 먹을 때 욕심을 부리지 않는다는 것이다. 학은 음식을 먹을 때 위가 꽉 찰 때까지 먹지 않고 70~80% 정도만 먹는다고 한다. 이것은 사람이 밥을 먹고 100m를 힘껏 달려도 되는 적당한 음식의 양이다. 한인교회가 이기적인 현지 교회를 넉넉한 마음으로 품고 받아드리는 것이다. 많은 것을 소유하는 교회가 아니라 많은 것을 사용하는 교회가 되는 것이다.

두 번째, 한인교회가 현지 교회 교단에 적극적으로 가입하는 것이다. 궁극적으로는 현지 교단 안에 한인교회 노회를 설립하는 것이다. 이것은 한인교회가 현지에서 법적 제도적 안정성을 확보할 뿐 아니라 현지 교회와 대등한 관계를 통하여 선교적 교회의 사명을 다하며 현지에 미치는 영향력을 극대화할 수 있기 때문이다. 언제든지 떠날 수 있는 교회보다는 현지 교회와 오랫동안 함께하는 교회가 더 깊은 협력관계를 유지할 수 있다. 한인교회 성도들은 계속 바뀌겠지만 교회는 점점 더 선교적 교회로 나가게 될 것이다.

자비량 선교는 현실이다

민홍기 선교사

GMS, 한국

필자는 1998년 5월에 GMS 파송을 받고 중국 현지에서 사역하다가 2018년 12월 초의 비자발적 철수 이후로부터 2025년 9월 현재, 서울에 거주하면서(27년 4개월), 인천항에 오는 중국 택배 직원들 대상으로 중국인 택배 직원(따이공) 대상의 사역을 하고 있다.

중국에서 사역할 때는 교회 리더 교육과 신학교 사역, 각 지역 순회 때 예배 시에 말씀을 전하는 사역을 하였다. 구체적으로 소개하면 1) 중국 현지인 대상(조선족 제외) 교회 리더들 신학교 교육과 목회 교육, 2) 주일학교 교사 배양(한국에서 교육전도사) 신학교 사역, 3) 지역을 순회하면서 교회 리더들 교육과 예배 때 말씀을 전하는 사역을 하였다. 2018년 12월부터 현재 사역은 (1) 2018년 12월, 두 번째 파송 교회 중단으로 국내에서 자비량 사역, (2) 따이공 대상으로 인천항 국제터미널 부근에서 매주 금요일에 인천팔복교회 협력 사역, (3) 청교도 교단 신학교에서 강의 사역, (4) 자비량 사역: 실내장식 업종에 한 부분인 화장실에 곰팡이 제거하는 줄눈 시공과 화장실, 싱크대 상판에 유리막 코팅 일, 아내는 요양원에서 일하면서 부부가 자비량 사역하고 있는데, 이 자비량 사역에 대해서 필자가 직접 일을 하면서 자비량 사역이 실제적으로 어떠하며, 어떻게 하면서 사역이 되어야 하는지 아래와 같이 소개하고자 한다.

오늘날 선교 현실의 문제와 실상 이해

오늘날 선교 사역에 큰 변화가 있다. 첫째, 2010년 전후로 세계는 자국주의 중심으로 세계의 변화와 추방의 상황, 둘째, 코로나-19 팬데믹과 우크라이나-러시아 전쟁, 이스라엘-가자지구 전쟁으로 인한 세계정세의 급속한 변화, 셋째, 추방으로 인한 파송 교회와 후원이 중단되고, 넷째, 국내 다문화 인구의 증거와 다양한 K-문화의 영향으로 세계 젊은 세대들이 한국으로 몰려들고 있는 것을 잘 이해하면 선교사 사역에 도움이 될 것이다. 지난 2020-2022년 코로나 팬데믹 3년 동안 한국교회와 선교 사역에 큰 변화에 영향을 끼치면서 새판짜기 사역이 시작되고 있는 현실이다. 오늘날 사역에서 재정적인 어려움으로 사역에 심각하게 어려움이 있다는 것은 누구나 다 인정하는 현실이다. 많은 선교사는 재정적 어려움으로 자비량 사역에 대해 고민을 많이 하고 있다. 이는 선교사들에게는 현실이다. 이 자비량 선교에는 몇 가지의 의미로 이해를 할 수가 있다.

첫째, 제한접근 지역에서 사역하려면 공식적으로 거주 비자를 받을 수가 없기에 거주 비자를 얻기 위해서 자비량 사역으로 사역을 하는 것이 있다. 이는 사역 시작부터 진행하는 것이다.

둘째, 파송 교회가 없거나 중단되고 개인 후원이 줄어든 경우, 생활비와 사역비 해결을 위해서 하는 의미로 자비량으로 선교 사역을 하는 것이 있다. 이는 1차로 파송 교회와 여러 후원으로 사역을 하다가 원치 않는 재정적인 어려움 상황으로 늦게 자비량 사역을 하는 것이다.

셋째, 원래 전문 기술을 가지고 사역을 하는 전문인 자비량 사역이 있다. 과거에는 극소수였지만 21세기에 들어와서는 점점 수가 늘어나고 있는 한국교회의 분위기이다. 벰(BAM)은 여기에 속한다고 보며 벰(BAM)은 Tent Maker의 한 부분이다. 단독이 아니다. 분리해서 설명하는 것, 이해를 하는 것은 곤란하다고 본다. 그런데 이 사역으로는 사역의 한계가 있다. 이 세 가지의 특징에는 "반드시 전문 분야에 전문 기술을 가지고 사역을 하는 것"이다. 본인은 두 번째의 상황으로 자비량으로 사역을 하고 있다.

자비량 사역에 대한 실제적 이해

자비량 선교에 있어서 일은 일반적인 단순한 아르바이트의 일이 아니고 대중적인 전문 기술로 장기적으로 일을 하면서 사역을 하는 것이다. 그런데 이 자비량 사역은 몇 가지 이해에 따라서 사역의 상황이 다르다. 그런데 자비량 선교의 가장 큰 문제점은 "사역자로서 하나님의 부르심의 정체성이다." 이 자비량 사역은 재정문제 해결에 중심이 아니다. 사역을 위한 하나의 도구로서의 일이다. 선교사에게 물질로 후원하는 사역은 누구나 할 수가 있다. 그런데 재정을 강조하고 중심이 되면 선교의 본질에서 벗어난 것이다. 선교는 전문인 본업이다. 한 영혼을 구원하여 교회를 세우고, 또 다른 민족과 문화, 언어권에 사람들에게 복음을 전하는 것이다. 선교의 본업을 위해서 개인의 은사, 일을 사용하는 것이다.

선교는 실제 현장이 있어야 한다. 이 자비량 사역 소개의 중심은 실제 현장에서 상황과 문제의 고민을 나누면서 앞으로 더 효과적인 사역을 하자는데 있다. 강의로만 사역 중심이 되는 것은 자비량 사역이 아니다. 하나의 강의 직업이, 사업이 되는 것이다.

자비량 선교는 일하면서 복음을 전하는 것이다. 그러나 여러 상황 형편으로 인해서 일하면서 사역을 한다는 것은 많은 어려움이 따른다. 무엇보다 선교 사역의 본질을 떠나거나 관계없는 것에 집중이 되면 자비량 선교가 아니다. 이것이 자비량 선교의 큰 어려움이며 문제이다. 또 한 가지는 여러 형편으로 자비량 선교를 하고 싶지만 어떻게 해야 할지 몰라서 막막하게 있는 동역자들에게 본인의 경우를 소개함으로써 자비량 선교를 하는데 그림을 그리면서 실제로 개인의 상황에 맞는 것으로 준비하여서 자비량 선교를 할 수 있도록 도움을 주는 데 있다.

오늘날 자비량 사역을 위한 어려운 상황과 해결

1) 자비량 사역을 위한 어려운 상황

이제는 교회의 전적인 후원으로 사역을 한다는 것은 여러 가지로 점점 어려워지는 상황이고 앞으로도 더 심각할 것이다. 무엇보다도 성도들의 자영업이 무너지면서 재정적인 문제가 되고 있다. 30~40대 성도들의 신앙과 헌금에 대한 정체성과 헌신이 많이 변하고 있다. 이런 상황에 선교 사역에는 재정적인 안정이 되지 않으면 사역을 할 수가 없다는 것에 부인할 수 없다. 이러한 상황에서 우리 선교사 자신이 어떻게 해야 경제적인 문제 해결로 계속 원활한 사역을 할 수 있는지 깊은 고민을 하면서 구체적인 점검으로 빨리 정리하고 결정하여 사역이 지속되도록 하여야 한다. 재정적인 어려움의 해결로써 먼저 현실을 직시하여야 한다. 시대와 환경, 상황은 빠르게 늘 변한다. 또한 선교의 방법, 환경, 상황은 변하지만, 선교 사역은 계속해야 한다. 지금은 코로나 펜덤 시작 전과 전혀 다르다. 특히 담임목사가 은퇴하면 대부분 파송이 중단되는 상황이다.

2) 생활비와 사역비 해결

국내에서 사역하는 선교사들이 할 수 있는 자비량 일을 살펴보면 다양하다. 그런데 실상은 대다수가 잘 모르고 있다. 자비량 사역을 위해서는 선교사 자신과 교회 현실을 직시하고 과감한 의식 전환이 필요하다. 이제는 선교사가 노동하면서 사역을 해야 하는 시대임을 인정해야 한다. 모든 자존심을 다 내려놓고 현실을 보고 현실에 맞게 사역을 당당하게 해야 한다.

우리 선교사들이 할 수 있는 일을 찾아보면 많이 있다. 현실 상황과 시간을 참고하면 할 수 있는 일이 많다. 잘 모르면 우선 정부가 주도하는 고용 기술 교육에 참여하여서 단기간(3~6개월) 생활비를 지원받으면서 교육하면 개인의 적성에 맞는 일을 만나게 된다. 또 국가 기관에 봉사로 시작해서 인정을 받으면 경제적인 도움을 받으면서 장기적으로 사역을 할 수가 있다. 정부는 재정과 행정은 있으나 준비되고 마땅한 사람이 없다. 우리 선교사(은퇴 선교사 포함)가 이런 정부 기관에 봉사하면서 사역하면 국내인이 전도되고 좋은 사역의 한 부분이 된다. 할 수 있으면 정부의 힘을 잘 활용을 하면 행정적으로, 사역에도 큰 도움이 된다. 특별히 부부가 요양사 자격, 장애인 돌보는 자격증을 준비해 두면 가족이나 부부의 환자일 경우에 노후 대책에 아주 큰 도움이 된다.

자비량 사역에 있어서 반드시 기억해야 할 중요한 것

파송이 중단되거나 추방 또는 경제적인 어려움으로 국내에서 사역할 경우, 반드시 자비량으로 사역을 해야 한다. 그런데 목회자로서 선교 사역을 하는 선교사가 간단한 알바로는 경제적으로 도움이 되지 않으며 사역 시간에도 도움이 안 된다. 현재 국내에 있는 많은 선교사가 재정적인 어려움으로 여러 상황에서 일하는데 주로 택배 물류 분리, 배달, 요양사(여성)로, 단기 일용직 등에 간단한 알바를 하고 있다. 이런 일들은 단기적이면 시간의 제한이 많아서 사역에 어려운 점이 많다. 또한 장기적으로 할 수가 없다. 그런데 아쉽게도 전문 기술을 가지고 일하는 선교사는 아주 극소수인 것으로 알려져 있다. 자비량 사역을 위해서 자비량 사역의 이해에 대하여 몇 가지로 살펴보면 아래와 같다.

1) 선교사 자신의 소명과 사명에 대한 정체성이 분명하여야 한다.

자비량으로 사역한다고 하면서 일에 집중하다 보면 수입에 집중이 되어서 사역이 뒷전이 되어서 본질을 잃게 될 수가 있다. 이는 아주 중요하며 본질에서 멀어지는 유혹이 많다. 한국에 있는 다문화 가정, 유학생 등 여러 다양한 외국인이 270만 명(2024년 12월 통계. 임시 거주지와 불법 체류자 포함하면 300만 명 이상으로 추정) 이상이 넘는다. 그러므로 국내에서 안정적으로 현지인 대상의 사역을 도외시하면 안 된다. 자비량 사역은 국내에서 하기가 쉽기에 주로 국내에서 한정이 되기에 해외에서는 아주 어렵다.

2) 현실을 인정하라.

이는 경제적인 상황이다. 전적으로 교회의 후원으로만 사역한다는 것은 점점 어렵기에 자비량으로 사역을 해야 한다는 것을 인정하고 받아들여서 자기의 적성에 맞는 일을 미리 준비하여 자비량 사역을 해야 한다. 반드시 교회 후원만으로 선교 사역을 해야 한다는 고정 관념을 내려놓아야 한다. 교회 후원이 어려울 때는 다양한 현실과 사역의 상황을 직시해야 한다. 그래서 어떤 일이라도 부끄러워하지 말고 할 준비가 되도록 인간적인 모든 것을 다 내려놓고 임해야 한다.

3) 반드시 시간을 투자하여 대중적인 전문 기술로 준비를 해야 한다.

이제는 80세까지 일을 해야 하는 상황에 있다. 그러기 위해서는 반드시 대중적인 전문 기술이 있어야 한다. 재정적 문제 해결로 사역을 원활히, 힘있게 할 수가 있다. 노후 대책에도 도움이 된다. 이 전문적인 기술로 일을 하려면 일정 기간(6개월에서 1년 정도)의 시간을 투자하여 집중함으로 준비해야 한다. 알바 의식으로는 단기간에 전문 기술을 배울 수 없다.

4) 반드시 일정한 재정을 투자하여야 한다.

반드시 재정적인 투자가 있어야 한다. 교육비, 장비, 차량 구입 등에 투자가 되어야 한다. 본인은 1,500만 원을 투자하였다. 재정은 기본 교육비와 장비, 차량 구입비 등 정도로 기본적인 적은 금액으로 투자를 해야 한다. 할 수 있으면 대중적이고 보편적인 업종의 일을 하는 것이 좋다. 재정이 많이 지출되지 않고 일하는 것이 좋다. 지출이 많은 일은 피하는 것이 좋다.

자비량 사역의 장점

1) 생활과 사역에 활력이 된다. 주 고객은 불신자들이기에 개인 전도에 좋은 기회가 되며, 복음 전파에 정체성과 자세에 구체적으로 도움이 된다.
2) 노동의 중요성과 가치를 알게 되므로 정신적으로 많은 도움이 된다.
3) 성도들의 생업과 헌금에 대한 이해를 피부로 체험한다.
4) 땀을 흘리면서 몸을 많이 움직이니 육체적 건강에 좋다.
5) 경제적인 도움이 되며, 사역의 마음과 이해, 필요성, 자세가 넓

어진다.

6) 일과 사역을 팀으로 할 수가 있다.
7) 불신자들과 사회를 이해하는데, 많은 도움이 된다(사회적 변화적인 면).
8) 직접 노동을 하면서 사역을 하므로 사역에 더 큰 의미와 보람이 있다.
9) 사역을 마음껏 할 수 있으니 아주 좋다.
10) 강의와 설교 시, 현장에서 살아 있는 경험을 적용하니 더 힘이 있다.
11) 노후 대책에 큰 도움이 된다.
12) 물질적으로 다른 동역자들을 후원할 수 있다.

선교적 전환(missional turn)을 위한 소고[*]

안건상 선교사

미국 캘리포니아 패서디나

필자는 한국, 영국, 미국, 아프리카 등 여러 다른 상황에서 신학을 공부하고, 신학 교육에 참여해 왔다. 그동안의 경험과 더불어, 많은 목회자, 해외 타 문화권 선교사와 선교단체 지도자들 및 신학교 학생과 교수와의 만남과 교제를 통하여 오늘날 한국 교회와 선교의 현실을 인식하게 되었다. 그들은 공통적으로 위기의식과 무력함을 고백하곤 했다. "교회가, 선교가 벽에 부딪혔습니다. 그런데 어떻게 해야 할지 모르겠습니다."

선교, 교회, 신학은 서로 밀접하게 연결되어 있다. 각 주제에 관한 논의는 필연적으로 다른 주제에 관한 이해를 전제한다. 더불어 하나의 주제에 관한 이해는 다른 주제에 대한 이해에 영향을 미친다. 따라서 이 모든 영역을 통합해서 바라보는 전망이 필요하며, 그에 기초한 변화의 모색이 필요하다. 이와 같은 선교, 교회, 신학을 아우르

---

[*] 이 글은 필자의 저서인 『성경이 꿈꾸는 세상: 선교적 성경 해석의 기초와 실제』 (생명의말씀사, 2025)에서 발췌해서 정리한 것이다.

는 통합적 이해와 실천의 변화를 포괄해서 선교적 전환(missional turn)이라 부를 수 있을 것이다.

이와 같은 전환을 모색하기 위해서는 몇 가지 필수적인 사전작업이 필요하다. 먼저, 성경적으로 선교를 이해하는 것이다. 다음으로, 교회의 선교적 본질과 사명을 파악하는 것이다. 마지막으로, 그런 전환의 목적과 실체라고 할 수 있는 선교적 삶의 실천과 훈련을 모색하는 것이다. 이 글에서는 이 순서를 따라 선교적 전환을 위한 생각을 정리해서 제시해 보겠다.

성경적 선교 이해

선교적 논의를 위해서는 선교에 정의와 이해를 명확하게 제시해야 한다. 그렇지 않으면 많은 오해와 혼란이 생겨난다. 성경에는 '선교'(mission)라는 단어가 직접적으로 나타나지 않는다. 성경은 선교를 구체적으로 정의하지 않는다. 하지만 여러 측면에서 성경이 제시하는 선교에 대한 이해와 실천을 찾을 수 있다. 어원적으로, 선교라는 용어는 라틴어 '보낸다'(mitto)와 '보냄'(missio)에서 파생되었다. 이에 따르면 선교는 보냄, 특별히 하나님의 보내심이다. 선교는 하나님의 목적이 있는 보내심이라고 할 수 있다.

하지만 보내심이라는 어원에 기초한 정의는 성경에 나타난 선교의 다양함과 풍부함을 다 담을 수 없다. 한두 단어에 기초해서 어떤 주제에 관한 신학을 세우는 것은 위험하다. 왜곡이나 잘못된 일반화의 오류를 범할 가능성이 있다. 따라서 선교도 성경 전체의 이야기와 그 안의 여러 이야기, 성경 각 권의 신학적 맥락, 다른 성경적 주제와의 관련성, 가르침, 이미지 등에 대한 다면적, 다층적인 고려 가운데 이해해야 한다.

오늘날 우리의 선교에 대한 이해는 근대 서양 선교 운동에 큰 영향을 받았다. 이에 따르면, 선교는 파송을 받은 선교사가 해외 타 문화권에서 펼치는 기독교 사역이다. 특별히 복음을 전하고 교회를 개척하는 데 초점을 둔다. 최근에는 전인적 선교라는 관점에서 교육, 의료, 구제와 같은 사회 활동에도 힘을 쓰고 있다. 선교는 주로 서구에서 비서구권으로 움직이며, 이런 패러다임에서는 선교국과 피 선교국이 명확히 구분된다. 근대 서양의 선교는 근대 서양 철학의 영향으로 개인적, 합리적 경향성이 강하다. 더불어 선교 사역에서 교회나 선교단체와 같은 기관이 중심 역할을 담당한다.

이와 같은 기존 선교의 이해와 실천은 여러 면에서 크게 기여했다. 세상의 곳곳에 복음이 전파되어 기독교인의 수가 증가하고, 많은 교회가 세워졌다. 하지만 동시에 여러 면에서 문제와 한계를 노출했고, 지속해서 이에 대한 비평적 평가가 일어나고 있다. 먼저, 선교를 특별한 지역이나 활동으로 제한하는 선교에 대한 환원주의적 이해이다. 다음은, 선교에 대한 정복주의적, 확장주의적 태도이다. 또 다른 문제는, 선교를 개인이나 기관의 프로젝트로 간주하는 것이다. 선교는 철저히 특정한 개인이나 기관의 비전, 열정, 헌신의 문제가 된다. 이는 오늘날 타 문화권 선교 현장에서 흔히 목격할 수 있는 현실이다.[1]

우리는 이와 같은 환원주의적 선교 이해를 넘어서 성경을 통하여 선교에 대한 바른 이해를 형성해야 한다. 성경적 선교는 다음 몇 가지의 중요한 특징을 가지고 있다. 먼저, 선교는 삼위일체 하나님의 관계적 본성에서 나온다. 삼위일체 하나님의 목적이 있는 관계의 움직임이 바로 선교이다. 하나님은 선교적 관계 가운데 계시고, 이런 삼위일체 하나님의 관계적 본성에서 선교가 비롯된다.

삼위일체 하나님은 사랑의 관계 가운데 온전히 연합된 분이시다. 성부, 성자, 성령 하나님은 "사랑을 주고, 받고, 나누는 데 참여하는 공동체적 교제" 가운데 영원히 사신다.[2] 이와 같은 삼위일체 하나님의 공동체적 사랑이 선교의 근원이다. 선교는 삼위일체 하나님의 사랑의 관계에서 비롯되는 움직임이다. "선교는 하나님의 마음에서 시작된다. 하나님은 사랑을 보내시는 원천이다. 이것이 선교의 가장 깊은 원천이다. 그 이상 더 깊이 침투하는 것은 불가능하다. 하나님이 사람들을 사랑하시기 때문에 선교가 있다."[3]

삼위일체 하나님은 세상과 선교적 관계를 맺으신다. 성부 하나님은 성자 하나님을 세상에 보내셨다. 예수 그리스도는 성부 하나님의 보내심을 받아 세상에서 선교 사역을 펼치셨다. 예수님이 승천하신 후, 성부와 성자가 성령을 세상에 보내셨다(행 2:33). 선교의 하나님은 자기 백성을 세상으로 보내신다(요 20:21). 성령님은 교회를 통해 예수님의 선교를 이어 가신다. 하나님은 보내심을 통해 세상에서 지속적으로 선교의 역사를 펼치신다.

이처럼 선교는 삼위일체 하나님의 관계적 본성에서 비롯되는 움직임이다. 사랑의 공동체인 삼위일체 하나님의 사랑이 선교의 원천이다. 선교는 "하나님의 사랑의 공동체, 곧 삼위일체의 공동체가 온

우주에 무한히 확장되는 것이다."⁴ 따라서 삼위일체 하나님을 닮은 사랑의 공동체를 형성하고 확장하는 것이 우리의 선교적 사명이다. 따라서 선교는 관계 지향적이어야 하며, 사랑의 공동체를 형성하는 것에 우선순위를 두어야 한다.

다음으로, 선교는 하나님의 나라를 지향한다. 선교의 목적과 결과는 하나님의 나라이다. 하나님의 나라는 하나님이 주권적으로 통치하시는 사랑과 평화의 나라이다. 창조는 하나님 나라의 시작이고, 새 창조는 하나님 나라의 완성이다. 하나님은 언약을 통해 하나님 나라의 백성을 세우신다. 하나님의 언약 백성은 하나님의 주권적 통치에 충성하고 헌신하며, 세상에서 펼쳐지는 하나님의 선교에 참여한다. 선교는 개인이나 기관의 목적이 아닌, 하나님의 나라를 지향해야 한다.

하나님의 나라는 하나님이 다스리시는 나라이다. 하나님은 만물의 창조자이시며, 주이시다. 창조주 하나님은 주권적으로 모든 피조물을 다스리신다. 모든 피조물은 창조주 하나님의 주권적 통치 아래 있다. 하나님의 나라는 삼위일체 하나님의 사랑이 발현된 곳이다. 하나님은 사랑으로 세상을 창조하시고, 피조물과 사랑의 관계를 형성하셨다. 창조는 삼위일체 하나님을 닮은 사랑의 공동체의 확장이다. 모든 피조물이 사랑의 관계 가 운데 하나님의 다스리심을 받는 것이 하나님 나라의 모습이다.

하나님의 나라는 평화(shalom)의 나라이다. 고대 유대인들에게 평화는 "구조와 제도를 통해 실질적인 사랑을 구체화하여 표현한 개념"이다. 평화는 "하나님 사랑의 구조화된 질서 또는 통치이다."⁵

모든 피조물은 하나님의 관계성을 반영하며, 관계의 그물망 속에 존재한다. 피조물이 하나님 사랑의 바른 관계 가운데 있을 때 평화가 임한다. 하나님이 창조 때 의도하셨던 사랑과 연합의 관계가 나타난 상태가 평화이다. 따라서 하나님의 나라는 하나님의 통치안에 있는 사랑과 평화의 나라이다.

선교는 이와 같은 하나님 나라를 지향한다. "선교는 언제나 삼위일체 하나님의 사역이며, 그 목표와 결과는 하나님 나라의 도래이다."[6] 하나님은 하나님 나라의 언약 백성을 세우시고 선교에 참여하게 하신다. 하나님 나라의 언약 백성은 선교의 공동체이며, 선교의 목적은 하나님의 나라이다. 하나님의 주권적 통치 아래 삼위일체 하나님을 닮은 사랑의 공동체를 형성하고, 온 세상에 평화가 임하게 하는 것이다.

따라서 선교는 하나님의 나라를 지향해야 한다. 선교는 개인이나 교회, 혹은 기관의 존립과 확장을 위한 프로젝트가 아니다. 더불어, 해외 타 문화권에 펼치는 기독교 사역이라는 좁은 의미를 넘어선다. 선교는 모든 피조물과 모든 인류를 회복하는 하나님 나라의 선교이다. 온 땅에 하나님 나라가 임하는 것이 선교의 목적이며 지향이 되어야 한다.

교회의 선교적 본질과 사명

교회는 건물이 아니다. 성경 어디에서도 건물을 교회라 하지 않는다. 교회는 본질적으로 조직이나 기관도 아니다. 물론 교회도 조직과 직위, 그에 요구되는 활동이 필요하지만, 그런 것들이 교회의 본질은 아니다. 교회는 사람이다. 예수 그리스도를 믿는 사람의 공동체, 즉 성도가 교회이다. 교회는 신자 개개인의 단순한 집합체가 아니라, 성도의 공동체이다. 교회는 삼위일체 하나님의 공동체이다. "교회는 삼위일체 하나님의 관계성을 반영하는 진정한 사람의 공동체이며, 종말의 완성을 향해 나아가는 도상의 공동체이다."[7]

교회는 언제나 하나님의 나라라는 관점에서 이해해야 한다. 하나님의 나라는 교회의 정체성과 사명을 이해하기 위한 신학적인 기초이다. 교회를 독립적인 실체로 이해하게 되면 많은 문제가 생긴다. 자칫하면 개인이나 조직이 자신들의 관심과 의도를 교회에 대입해서 교회를 정의하고 이용할 수 있다. 하나님의 나라는 교회가 존재하는 근원이며 목적이다. 또한 하나님의 나라는 교회가 존재하는 컨텍스트이다. 그 때문에 하나님의 나라에 대한 이해를 바탕으로, 그 맥락에서 교회를 이해해야 한다.

그렇다면 하나님의 나라에서 교회의 위치와 역할은 무엇일까? 먼저, 교회는 하나님 나라의 구현으로, 하나님 나라의 표지, 도구, 맛보기이다.[8] 교회는 하나님 나라의 표지로 세상에 하나님 나라를 보여 준다. 교회는 하나님 나라의 도구로 그분의 나라를 선포하고, 사람들을 그 나라로 인도한다. 교회는 하나님의 나라를 미리 맛보는 곳이다. 교회는 이러한 역할을 통해 하나님의 나라를 세우시는 하나님의 선교에 참여한다. 하나님은 선교를 위해 교회를 세우셨다.

교회의 선교적 본질은 삼위일체 하나님의 선교적 본질에서 비롯된다. "교회가 성부, 성자, 성령이 영원부터 공유해 오신 영원한 사랑의 관계를 반영하는 방식으로 사랑하도록 부름을 받은 것처럼, 교회의 선교적 본질은 궁극적으로 하나님 자신의 선교적 본질에서 비롯된다."* 삼위일체 하나님이 선교의 하나님이시듯, 교회도 선교의 교회이다.

선교는 삼위일체 하나님의 관계적 본성에서 비롯되는 움직임이다. 성부는 성자를 보내시고, 성부와 성자는 성령을 세상에 보내신다. 그런데 이는 또 다른 움직임으로 확장된다. 즉, 성부와 성자와 성령이 교회를 세상에 보내신다.[9] 부활하신 후 예수님이 제자들에게 말씀하셨다. "… 아버지께서 나를 보내신 것같이 나도 너희를 보내노라"(요 20:21). 교회는 삼위일체 하나님으로부터 세상에 보냄을 받은 선교의 공동체이다. 교회는 본질적으로 선교적 정체성과 사명이 있다.

선교는 단순한 교회의 프로그램이나 활동이 아니라, 교회의 본질이다. 교회의 선교는 하나님의 선교적 본질에 참여하는 것이다. 이런 의미에서 "선교는 본래 가는 것(going)에 관한 것이 아니다. 선교는 본래 무엇을 하는 것(doing)에 관한 것도 아니다. 선교는 존재에 관한(being)이다. 선교는 모든 민족 가운데 독특한 종류의 사람들, 대조 문화적, 다 민족적 공동체가 되는 것이다."[10] 선교는 존재에서 비롯된다. 교회는 하나님의 선교적 본질에 참여하는 선교의 공동체이다. 이런 선교적 본질이 교회의 정체성과 사 명을 규정한다.

선교의 하나님은 언약 백성을 세상으로 파송하시는데, 이와 같

---

* Stephen R. Holms, "Trinitarian Missiology: Towards a Theology of God as Missionary," *International Journal of Systematic Theology* 8.1 (2006), 86.

은 하나님의 보내심이 바로 교회의 선교이다. 성경에서 두드러진 교회의 이미지는 증거의 공동체(community of witness), 즉 선교의 공동체이다. 이는 교회의 특정 활동만이 아니라, 교회의 존재, 목적, 활동 모두를 포괄하는 말이다. 교회는 선교를 위해 존재하는 선교의 공동체이다. 교회가 선교하기 이전에 하나님 선교의 결과로 교회가 생겼다. 하나님은 선교를 위해서 교회를 세우셨고, 따라서 선교는 교회의 존재 이유이다.

흔히 교회가 선교의 목적이며, 하나님이 선교를 통해서 교회를 세워 가신다고 생각한다. 하지만 실상은 세상에서 하나님의 선교를 위해 교회가 존재한다. "하나님이 자기의 교회를 위해 세상에 선교를 두신 것이 아니 라, 자기의 선교를 위해 교회를 두셨다. 선교는 교회를 위해 만들어진 것이 아니라, 교회가 선교, 즉 하나님의 선교를 위해 만들어진 것이다."[11] 선교가 교회의 존재 이유이다. 그러므로 선교의 교회가 아니면, 진정한 교회 가 아니다.

성경 전체에는 선교에 대한 통일된 관점이 존재한다. 특별히 선교의 공동체는 구약과 신약 전체를 관통하는 하나님 선교의 중요한 관심이다. 구약의 이스라엘은 세상에서 하나님 나라의 언약 백성으로 그에 걸맞은 삶을 살아야 했다. 하나님의 주권적 통치에 충성하고 헌신하며, 삼위일체 하나님의 사랑을 반영하는 평화의 공동체가 되는 것이다. 그리하여 세상에서 이방의 빛으로 하나님의 성품과 역사를 선포하고, 열방을 하나님의 나라로 인도하는 선교적 사명이 있었다. 하지만 이스라엘은 이와 같은 선교적 정체성에 충실하지 못하고 선교적 사명을 감당하지 못했다.

예수님은 이스라엘의 선교적 정체성과 사명을 떠맡으시고, 그를 성취하신다. 하나님의 선교에 있어 예수님 사건은 중심적 위치를 차지한다. 예수님은 하나님의 보내심을 받아 이 땅에 오셔서 하나님의 구원을 성취하셨다. 예수님은 인격과 사역을 통해 하나님 나라의 실체를 보이셨으며, 하나님의 나라를 성취하셨다. 하나님으로부터 보냄을 받은 선교적 사명을 "다 이루셨다." 그리고 이방의 빛이 되어 열방을 하나님의 나라로 인도하는 길을 열어 주셨다.

교회는 성령님 안에서 예수님의 선교를 이어 간다. 하나님 아버지가 아들을 세상에 보내신 것같이, 예수님은 제자들을 세상에 보내셨고, 그들은 예수님의 선교 사역을 이어 갔다. 이와 같은 선교를 위해 예수님은 제자들에게 성령을 부어 주셨다(요 20:22-23). 제자들은 성령님의 능력으로 세상에 죄 사함을 선포하는 예수님의 선교를 이어 갔다.

교회는 예수님에게서 시작되어 제자들에게 이어진 선교를 계속해 나간다. 교회는 성령님의 능력 안에서 예수님의 선교를 이어 간다. 교회는 이 땅에서 하나님의 백성, 그리스도의 몸, 성령의 전으로 세상에서 하나님의 선교에 참여한다. 세상에 구원과 회복의 복음을 전파하고, 사랑과 평화의 하나님 나라를 세워간다.

교회는 그 본질에 합당하게 선교의 교회가 되어야 한다. 이런 점에서 교회의 선교와 관련하여 자주 사용되는 용어를 정리할 필요가 있다. 요즘 '선교하는 교회'라는 말을 자주 듣는다. 주로 해외 선교사를 많이 파송하고 잘 후원하는 교회를 지칭한다. 요즘처럼 해외선교의 열기가 식어 가며, 약화 되는 현실에서 아주 귀한 교회들이다. 그런데 우리가 지향하는 교회는 단순히 선교하는 교회, 혹은 '선교가 있는 교회'(church with mission)가 아니다. 선교가 있는 교회는 선교가 교회 활동의 일부이다. 교회에는 선교위원회와 같은 선교를 담당하는 특정 기구가 있고, 여기서 선교와 관련된 일을 한다.

교회는 '선교의 교회'(church of mission)로 변화되어야 한다. 이런 교회는 선교가 교회의 일부 활동이 아니라, 교회 전체가 선교인 교회이다. 교회의 존재 이유, 목적, 지향, 구조가 선교인 교회이다. 선교는 "교회를 하나님의 보내심을 받은 백성으로 정의한다. 우리가 선교로 정의되지 않으면, 복음의 범위와 교회의 사명을 축소하는 것이다. 따라서 오늘날 우리의 도전은 선교가 있는 교회에서 선교적 교회로 나아가는 것이다."[12] 이와 같은 교회의 전환이 오늘날 우리 교회의 미래를 위한 가장 중요한 변화의 방향성이다. 교회가 진정한 선교의 공동체로 서 있는 곳에서 하나님의 선교에 동참할 때, 교회는 회복될 것이다.

이런 점에서 '선교형 교회'(mission-shaped church)라는 용어가 시선을 끈다. 이는 선교가 형성하는 교회를 의미한다. "교회로부터 시작하면 아마 선교를 잃어버리게 될 것이다. 하지만 선교로부터 시작하면 교회를 발견하게 될 것이다."[13] 주님이 원하시는 참된 교회는 선교로 형성된 교회이다. 선교의 근거를 교회에서 찾으면 안 된다. 대신에 선교에서 교회의 정체성과 사명을 찾아야 한다. 교회가 선교를 규정하는 것이 아니라, 선교가 교회를 규정한다.

우리는 교회의 선교를 삼위일체 하나님의 선교에 맞추어야 한다. 선교는 삼위일체 하나님의 관계적 본성에서 비롯되며, 창조와 구속,

새 창조에 이르기까지 모든 세상을 포함한다. 따라서 교회는 서 있는 자리에서 하나님의 선교에 참여하는 선교적 공동체가 되어야 한다. "하나님 선교의 범위가 창조 세계만큼 넓다면, 교회의 선교는 삶의 모든 영역에서 하나님의 통치와 다스림을 반영해야 한다. 하나님의 백성이 부름을 받는 다양한 소명의 자리는 교회의 선교적 역할과 정체성이 표현되는 곳이며, 하나님의 백성이 이웃과 세상의 생명과 번영을 위해 자신의 소명을 감당하는 선교적 참여가 이루어지는 곳이다."[14]

선교적 삶의 실천과 훈련

선교에 대한 논의는 자연스럽게 "우리가 어떻게 하나님의 선교에 참여할 수 있겠는가?"라는 질문으로 이어진다. 이런 맥락에서 '선교적 삶'에 대한 관심이 커지고 있고, 실제로 근자에 이에 대한 언급도 자주 듣는다. 하지만 선교적 삶이라는 말이 무엇을 의미하는지에 대한 논의는 매우 부족한 실정이다.

그렇다면 선교적 삶이란 무엇일까? 여기서는 좀 더 구체적으로 선교적 삶의 실천과 훈련이라는 표현을 사용한다. 이에 대해 논의하기에 앞서, 실천과 훈련이 무엇인지에 대한 개념 정의가 필요하다. 우선, 실천과 훈련은 선교적 형성에 있어 기본적이고 필수적인 개념이다.

대부분 교회 활동은 프로그램 중심으로 짜여 있다. 교회에서는 다양한 프로그램이 진행된다. 교회의 수많은 프로그램과 활동에도 불구하고 성도들의 삶에는 의미 있는 변화가 일어나지 않는다. 교회는 능력을 잃어버렸다. 세상을 향해 던질 메시지가 없다. 메시지가 있다 하더라도 힘이 없다. 행동과 일치되지 않는 말은 공허하다. 많은 목회자가 분투하고 있다. 넘을 수 없을 것 같은 벽 앞에 좌절하고 있기도 하다. 교회가 방향을 잃은 듯하다. 교회의 선교도 마찬가지다.

진정한 신앙은 구체적인 행동을 통해 드러난다. 하나님이 주신 지상 대 명령(the great commandment)은 하나님을 사랑하고, 이웃을 내 몸처럼 사랑하는 것이다. 사랑은 언제나 삶 속에서 구체적인 실천을 통하여 표현된다. 사랑은 추상적인 관념이 아니다. 사랑은 구체적인 삶 가운데 내 곁에 있는 사람에게 행동을 통해 표현된다. 사랑은 구체적인 수고와 희생, 나눔과 섬김의 실천이다.

신앙을 내면의 어떤 것으로 생각하는 경향이 있다. 내면의 아름다움을 영성이라 생각한다. 내면을 강조하고 그에 초점을 맞추게 되면 필연적으로 실천이 결여된다. 신앙의 본질인 관계성이 약해진다. 오늘날 많은 그리스도인이 개인주의적이고 내면 지향적인 신앙을 추구한다. 개별화되어 있고, 삶에서의 실천이 부족하다. 교회의 영향력이 약해지는 큰 이유이다.

실천과 훈련이 중요하다. 실천은 지속성을 갖는 행동이다. 신앙은 실천으로 드러난다. 성경은 "행함이 없는 믿음은 그 자체가 죽은 것이라"(약 2:17)고 말씀한다. 아무리 고상한 생각을 하고 번지르르한 말을 한다고 해도 행동이 없으면 진정한 신앙이 아니다. 어떤 사람의 지속적인 행동, 즉 삶의 실천을 보면 그 사람의 믿음이 어떠한지

알 수 있다. 이것이 인격이고 영성이다.

훈련은 실천으로 나아가기 위해 선택하는 것이다. 실천은 자연적으로 혹은 짧은 시간에 형성되지 않는다. 어떤 하나의 행동이 반복되면 습관이 되고, 이것이 삶에 뿌리 내려 지속적이고 일관되게 나타나면 그것이 실천이다. 실천을 통하여 성품이 형성되고 성장한다. "이는 환난은 인내를, 인내는 연단을, 연단은 소망을 이루는 줄 앎이로다"(롬 5:3-4). 여기서 '연단'은 훈련된 인격을 의미한다. 고난을 견디며 인내할 때 훈련된 인격이 형성된다. 하나의 행동이 습관화되고, 성품을 형성하는 실천이 되기 위해서는 훈련이 필요하다. 훈련에는 고난이 따르고 오랜 시간의 인내가 필요하다.

오늘날 교회에서 반복되는 일부 행동은 그 의미를 상실했다. 삶의 실천으로 이어지지 않는다. 훈련된 인격을 형성하고 발전시키지 못한다. 세상에서 빛과 소금으로 삶을 살아가는 데 도움이 되지 않는다. 하나님의 은혜에 반응하고 복음적 삶이 개인과 공동체에 드러나기 위해서 지속해서 삶을 반성하고 실천하는 자세가 필요하다. 예배, 성경 공부 등 각종 프로그램이 신앙 실천과 인격 형성으로 이어져야 한다. 특별히 하나님의 소명이라는 관점에서 공동의 예배, 공동체, 선교의 실천을 훈련해야 한다. 실천과 훈련은 구원받은 하나님 백성의 삶의 방식이다. 실천과 훈련 건강 교회를 형성하고, 건강한 교회가 건강한 선교를 할 수 있다.[15]

하나님의 백성은 세상에 삼위일체 하나님의 성품과 하나님의 나라를 보여 주는 전시(display) 백성이 되고, 세상과 구별되는 대조(contrast) 사회가 되어야 한다. 대조 사회는 세상 사람과 다른 가치와 삶의 방식을 가지고 살아가는 믿음의 공동체이다. 땅 위의 소금, 세상의 빛, 산 위의 동네이다(마 5:13-14). 이는 교회의 선교적 정체성과 사명을 보여 주는 이미지이다. 교회는 거룩하신 하나님의 형상으로 거룩한 행실을 통해 세상에 빛을 비추는 언약 백성의 공동체, 즉 하나님의 대조 사회이다.[16]

이런 점에서 "선교는 그 역동성에 있어서 교회이다"라는 명제가 성립한다. 하나님의 언약 백성은 그 존재 자체가 선교이다. 교회는 선교를 통해, 선교를 위해 형성되었다. 교회는 세상에서 하나님 나라 백성의 삶을 보여 주는 대조 사회이다. 하나님의 대조 사회로 사람들을 하나님 나라로 인도하는 선교의 공동체이다.

성도가 일상과 일터에서 신실하게 하나님 나라 백성의 삶을 살아가는 것이 중요하다. 교회는 세상에서 부르심을 받고, 세상으로 보내심을 받은 성도의 공동체이다. 우리는 모두 선교사이며, 우리의 일상과 일터가 선교의 자리이다. 우리는 일상 가운데 하나님이 맡기신 일을 통해 세상을 새롭게 하시는 하나님의 선교에 참여한다. 따라서 우리는 '하나님 나라의 선교사'라는 정체성을 가지고 일상과 일터에서 선교적 사명을 감당해야 한다.

여기서 타 문화권 해외선교에 대한 논의가 필요하겠다. 나는 해외 선교를 선교의 전문성 차원에서 이해한다. 다른 문화권에서 선교 사역을 하려면 그곳 언어를 습득해야 하고, 문화를 배워야 한다. 훈련을 받고 특정한 지역으로 가서 사역을 펼친다. 요즘은 선교에도 전문성이 필요하다. 현지 사람들과 교회에 실질적인 도움을 주는 사역을 해야 한다. 그러기 위해서는 준비가 필요하다.

'일상과 일터의 선교를 강조하면 선교가 약화된다'는 말을 듣는다. 무슨 말인지 이해한다. 나는 일상과 일터의 영성이 해외선교를 더 건강하게 한다고 믿는다. 중요한 것은 성도들의 선교적 삶이다. 일상과 일터에서 하나님의 언약 백성으로 선교적인 삶을 살다가, 부르심과 은사를 따라 훈련을 받고 타 문화권으로 나가서 선교 사역을 한다. 신앙생활에는 비약이 없다. 선교지에 가면 갑자기 거룩해지고, 사랑이 넘치고, 전도가 저절로 되고, 제자를 만들 수 있는 것이 아니다. 평소에 그런 삶을 살던 사람이 선교지에서도 같은 삶을 살 수 있다. 선교적 삶에서 바른 선교 사역이 나온다.

글로벌 시대에 공식적인 훈련과 파송을 받지 않고도 해외 거주하거나 방문하는 경우가 많다. 이런 면에서 현재 우리의 교회의 실상이 중요하다. 교회가 건강하다면 선교지에 건강한 교회가 서도록 도울 수 있다. 현재 우리의 교회가 문제가 많다면, 선교지에 가서도 많은 문제가 생긴다. 교회인 성도들이 일상과 일터에서 선교적인 삶을 살아가는 것이 해외선교의 기본이다. 선교는 지금 이곳에서부터 시작된다.

또한, 선교적 삶은 경계를 넘어 하나님 나라의 복음을 선포하는 삶이다. 우리의 삶 전체가 선교적 차원(dimension)을 가지고 있지만, 우리는 동시에 선교적 의도(intention)를 가지고 경계를 넘어가야 한다. 단순히 지리적인 경계만이 아니라, 우리 삶과 사회의 전반에 존재하는 모든 경계를 넘어야 한다. 의도적으로 모든 경계를 넘어서서 복음을 전하고 사람들을 하나님 나라로 이끌어 하나님 나라를 세워가는 것이 선교적인 삶의 모습이다.

하나님 나라의 복음을 전하는 증인이 되기 위해 우리가 넘어야 할 경계는 다양하다. 단순히 지리적 경계뿐만 아니라, 인종적, 언어적, 경제적, 역사적, 문화적 경계 등을 넘어야 한다. 이러한 경계는 오늘 우리 삶의 자리에도 존재한다. 우리 가운데 존재하는 모든 유형의 경계를 넘어 하나님 나라의 복음을 선포해야 한다. 경계를 넘어서야 복음을 전할 수 있고, 하나님의 나라로 사람들을 인도할 수 있다.

우리는 흩어져 하나님의 정의를 실천하고, 하나님이 우리에게 보이셨던 사랑의 환대를 베풀어야 한다. 그리하여 세상 사람들을 하나님의 나라로 인도하고, 세상에 하나님의 나라가 임하도록 헌신해야 한다. 경계를 넘어 복음을 선포하고, 하나님의 정의와 환대를 실천하는 삶을 살아야 한다. 이것이 하나님 나라 언약 백성의 선교적 삶의 모습이다.

더불어, 문화와 언어의 경계를 넘어 타 문화권으로 가서 하나님 나라의 복음을 전하는 선교를 지속해야 한다. 지금 한국교회의 타 문화권 선교도 심각한 위기 상황에 직면하고 있다. 기존 선교사들이 은퇴하기 시작하거나 중도 사임을 하고, 해외선교 헌신자들의 수가 줄어들고 있다. 선교사를 파송하는 교회의 열정과 헌신도 약화하고 있다. 모든 민족에게 복음을 전파하는 선교는 주님이 다시 오실 때까지 계속되어야 한다.

이 모든 선교적 과업의 중심에 교회가 있다. 교회가 선교의 교회로 전환해야 한다. 현재 대부분 교회는 지역사회에 고립된 성채처럼 자리 잡고 있다. 성도들은 교회 안에서만 바쁠 뿐, 주변의 사람들에게는 큰 관심이 없다. 교회가 지역사회의 일원이라는 사실을 인식하지 못하고 있다. 거의 모든 교회의 인적, 물적 자원이 교회를 유지하는 데 사용되고 있다. 교회를 유기체로 보든 조직으로 보든, 내향적인 교회는 문제가 생기게 마련이고, 이것이 고착되면 생명력을 잃고 소멸한다. 현재 우리에게 익숙한 내면 지향적인 영성은 신앙의 실천과 세상에서 선교를 가로막는 장애물이다.

우리는 교회 건물의 경계를 넘어서 지역사회에 적극적으로 관여해야 한다. 사람들을 만나고, 그들과 접촉점을 형성해야 한다. 지역사회의 필요를 따라 나눔과 섬김을 통해 환대를 베풀어야 한다. 그렇게 환대의 하나님을 세상에 선포하는 것이다. 그들을 하나님의 나라로 초대해야 한다. 경계를 넘어 하나님 나라의 복음을 선포해야 한다.

결론적으로, 우리에게 선교적 전환이 일어나야 한다. 교회의 관심이 밖을 향해야 한다. 모든 피조물, 자연, 모든 민족, 우리 주변의 사람들을 바라보고 그들을 마음에 품어야 한다. 그들과 선교적 관계를 형성하려는 노력이 필요하다. 경계를 넘어 그들에게 다가가 삶으로 하나님 나라의 복음을 전해야 한다. 경계를 넘어 하나님 나라의 복음을 전파하는 삶, 그것이 하나님 나라 백성의 선교적 삶이다. 교회는 함께 선교적 삶을 실천하고 훈련하는 공동체이다. 우리는 선교적 삶의 실천을 통해 하나님의 선교에 참여한다.

미주

1. 안건상, 『세상과 교회를 위한 신학 다시 세우기』 (서울: 솔로몬, 2023), 157-158.
2. 존 R. 프랭키, 『선교적 신학』, 안건상 옮김 (서울: 솔로몬, 2013), 27.
3. David J. Bosch, *Transforming Mission: Paradigm Shifts in Theology of Mission* (Maryknoll, NY: Orbis Books, 2011), 402.
4. 스티븐 테일러, "고난에 관한 선교적 해석," 스티븐 테일러, 이강택 외 옮김, 『고난과 하나님의 선교: 선교적 해석학으로 본 고난의 의미』 (서울: IVP, 2022), 27.
5. Randy S. Woodley, *Mission and the Cultural Other: A Closer Look* (Eugene, OR: Cascade Books, 2022), 7.
6. Tormod Engelsviken, "Missio Dei: The Understanding and Misunderstanding of a Theological Concept in European Churches and Missiology," *International Review of Mission* Vol. 92, No. 367 (2003), 481.
7. 안건상, 『세상과 교회를 위한 신학』, 177.
8. Lesslie Newbigin, *Foolishness to the Greeks: The Gospel and Western Culture* (Grand Rapids, MI: Eerdmans, 1986), 124.
9. Bosch, *Transforming Mission,* 399.
10. Howard Peskett and Vinoch Ramachandra, *The Message of Mission: The Glory of Christ in All Time and Space* (Bible Speaks Today) (Downers Grove, IL: InterVarsity Press, 2003), 123.
11. Christopher J. H. Wright, *The Mission of God: Unlocking the Bible's Grand Narrative* (Downers Grove, IL: IVP Academic, 2006), 62.
12. Darrell L. Guder, ed., *Missional Church: A Theological Vision for the Sending of the Church in North America* (Grand Rapids, MI: Eerdmans, 1998), 6.
13. *Archbishop's council on mission and public affairs, Mission-shaped Church: Church Planting and Fresh Expressions in a Changing*

Context (New York, NY: Seabury Books, 2010), 116.
14. Timothy M. Sheridan, "Missional, Christ-Centered, or Gospel-Centered PreachingWhat Is the Difference?" in *Reading the Bible Missionally,* edited by Michael W. Goheen (Grand Rapids, MI: Wm Eerdmans Publishing Company, 2016), 278.
15. 안건상, 『일상과 일터의 영성: 하늘의 별처럼, 들의 꽃처럼』(CLC, 2021), 89-101.
16. 안건상, 『선교적 성경 읽기: 성경은 '하나님의 위대한 선교 이야기'다』(서울: 생명의말씀사, 2020), 128.

추억의 토끼풀

지성구 선교사

GMS/CMF, 영국 리버풀, 리버풀한인교회 담임

한국의 서해 백령도 가을교회에서 만 7년 목회하고, 2002년 8월에 영국 선교사로 가족과 함께 입국했다. 한국의 옛말에 따르면, 영국에서의 사역도 강산이 두 번 변했다. 추억의 토끼풀을 기억하며, 기독교의 심장과 같은 교리이지만 사람으로서는 이해할 수 없는 신비의 의미라 할 수 있는 삼위일체(Trinity)를 생각해 본다. 영국에는 Trinity 단어를 사용한 곳이 많다.

한국을 떠나 영국(외국)에 사는 우리의 자녀 중에 아니 한국에서도 젊은 세대(MZ)는 클로버(White Clover, Shamrock)가 한국에서 토끼풀로 불린다는 것을 아는 이들이 이제는 많지 않은 것으로 보인다. 어린 시절 집에서 토끼를 키울 때, 학교에 다녀온 후면 토끼풀을 찾아다녔고, 발견하면 기쁘게 환호하였던 기억이 있다. 또한 클로버 흰 꽃으로 시계, 반지도 만들어 놀이도 한 추억이 새롭다. 한국에서는 클로버를 토끼들이 잘 먹는다고 토끼풀이라 했다. Clover는 Shamrock으로 3잎이다. 간혹 잎이 4~5개까지 나타나기도 한다. 아니 요즘은 유전자를 통해 7개의 잎까지도 만들어 낸다고 한다. 오래

전부터 4잎 클로버는 행운을 가져온다는 설이 나폴레옹의 이야기에서 나오면서 많은 사람이 좋아한다. 사실 4잎은 돌연변이로 토양이나 주변 환경에 의해 드물게 나타나는 현상이다.

필자에게 4잎 클로버는 청소년(고등학교) 시절 한국의 농촌에서의 새마을 운동 '근면(勤勉), 자조(自助), 협동(協同)'에 일환이었던 4-H 활동을 하며, 장학금 받았던 기억이 있다. 4-H란 명석한 머리 'Head, 지육(智育)', 충성스러운 마음'Heart, 덕육(德育)', 부지런한 손'Hands, 노육(勞育)' 및 건강한 몸'Health, 체육(體育)'을 말한다. 이들 단어의 의미를 각각 4잎 클로버의 각 잎에 지, 덕, 노, 체로 한국에서 번역하여 사용하였다.

3잎 클로버는 영국과 가까운 아일랜드 국가의 국화이다. 아일랜드 국화로 3잎 클로버(Shamrock/토끼풀)가 된 유래는 AD 433년으로 기록되어 있다. 433년, 아일랜드에 처음으로 그리스도교를 전파한 성 패트릭(St. Patrick)이 기독교(그리스도)교의 성부, 성자, 성령을 나타내는 삼위일체(Trinity)를 설명하기 위해, 3잎 클로버인 삼락을 예로 들면서 기원했다는 설이 있다. 아일랜드 국가 수도인 더블린의 중심 대학교가 Trinity University이다. 기독교의 신비한 교리인 Trinity를 3잎 클로버로 다 설명하기는 사실 어렵다.

유일신을 믿는 유대교에서 유일신을 믿는 기독교의 시작에 있어서 Trinity의 교리는 절대적이다. 그러나 사람들이 완전히 이해할 수 있도록 설명할 수가 없는 신비의 교리다. Trinity를 한국어로 해석해 놓은 것이 삼위일체이다. 삼위일체 교리는 하나님의 속성에 대한 교리로, 실제로 '삼위일체'란 단어는 성경에 없다. 그러나 성경을 바탕으로 하여 견고한 근거를 갖고 정립되어 '기독교의 심장'으로 불릴 만큼 중요한 위치를 차지하고 있다. 삼위일체라는 말이 처음 나타난 것은 180년 무렵, 안디옥의 대주교였던 테오필루스의 변호라는 책에서 헬라어로 '트리아스(Trias)'라고 쓰인 것으로 본다. 비록 그것은 오늘날 "아버지와 아들과 성령"이라는 일반적인 공식은 아니었다고 한다. 이후 터툴리안(터툴리아누스)이 이를 라틴어 '트리니타스(Trinitas)'로 번역하여 신학적 교리 용어로 만들어 '성부, 성자, 성령의 세 인격이 하나의 본질을 공유하고 있다'고 설명하였다. 이후 영어로는 Trinity이다.

 삼위일체 교리가 정립되기 전인 AD 1~2세기 때에는 성경이나 하나님에 대한 잘못된 해석이 공공연하게 있었다. 그러나 AD 313년 기독교가 공인된 이후 더는 로마의 박해를 받지 않게 되자 잘못된 사상과 주장을 따르는 추종자들이 세력을 키워 교회 내에서 논쟁이 시작되었다. 그래서 이러한 이단(異端, heresy, cult) 사상의 침투를 막기 위해 교회 지도자들이 회의를 통해 성경에 나타난 하나님의 속성을 정리하여 오늘의 삼위일체 교리를 정립하였다. 기독교 신학사에서 수많은 논쟁이 얽혀있는 삼위일체론의 정립에 가장 크게 이바지한 신학자 중에 장 칼뱅(John Calvin)이 있다. 그의 기독교강요 삼위일체론은 중세 말기와 종교개혁 초기에 하나님에 대한 여러 이단이 분출하는 가운데 가장 성경적인 하나님 이해의 길을 열어 놓았다.

그리고 삼위일체라는 매우 어려운 주제에 대해서 매우 딱딱하고 차가운 학문이라는 고정 관념을 바꾸어 놓았다. 삼위일체에 접근하는 그의 신학적인 설명은 목회적이요, 실천적이며, 성경적이라는 특징을 가지고 있어서 가장 올바른 복음을 찾으려는 그리스도인들에게 큰 길잡이가 되어주고 있다. 그러나 사람의 머리로 그 신비를 이해하는 것이 아니라, 성경에 나타난 진리를 그대로 믿는 것이다. 그러므로 삼위일체를 인위적으로 해석하여 설명을 덧붙이면, 삼위일체 'Trinity'에 대하여 오해할 소지를 만들고 이단(異端, heresy, cult)으로 정죄 될 수 있다. 오래전 논문이지만 '삼위일체 신론_이근삼_고신대 논문집 13집(1985.7)'의 아래 그림을 통해 삼위일체 이해를 조금이나마 돕고자 한다.

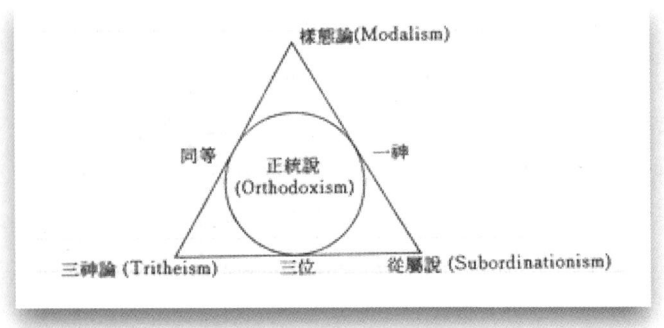

1. 양태론(Modalism)은 한 하나님과 위(位)의 동등(同等)을 믿으나 삼위(三位)를 부인(否認)한다. 예로, 물과 얼음과 수증기로 말하거나 한 남자가 직업과 아빠와 남편으로 설명하는 식이다. 위와 같

은 모든 설명이 모두 Trinity를 잘못 이해하며 알고 있다.

2. 종속설(Subordinationsim)은 한 하나님과 삼위(三位)를 믿으나 삼위(三位)의 동등성(同等性)을 부인한다. 예로 사과(겉, 속, 씨)나 계란(껍데기, 흰자, 노른자) 등과 같은 것으로 Trinity를 설명해 보려는 것, 또한 단일 신론으로 잘못된 것이다.

3. 삼신론(Tritheism)은 삼위(三位)를 믿고 삼위(三位)의 동등성(同等性)을 믿으나 한 하나님임을 부인한다. 삼신론은 유일신론에 위배되니 설명이 무의하며, 역시 Trinity의 기독교가 아니다. 위의 세 이설(異說)에 대해서 정통설(正統說, Orthodoxism)의 Trinity는 한 하나님을 믿으며, 삼위(三位)가 있음을 믿으며, 삼위(三位)의 동등성(同等性)을 믿는다. 이 Trinity에 대하여 자연에서 설명으로 사람들을 이해시키기는 쉽지 않다. 아니 설명할 수 없는 신비의 교리로 성경 그대로 믿는 것이다.

마태복음 3장 16-17절, "예수께서 세례를 받으시고 곧 물에서 올라오실새 하늘이 열리고 하나님의 성령이 비둘기 같이 내려 자기 위에 임하심을 보시더니 하늘로부터 소리가 있어 말씀하시되 이는 내 사랑하는 아들이요, 내 기뻐하는 자라 하시니라".

요한복음 14장 9절, "예수께서 이르시되 빌립아 내가 이렇게 오래 너희와 함께 있으되 네가 나를 알지 못하느냐 나를 본 자는 아버지를 보았거늘 어찌하여 아버지를 보이라 하느냐".

로마서 8장 16절, "성령이 친히 우리의 영과 더불어 우리가 하나님의 자녀인 것을 증언하시나니".

고린도전서 2장 10절, "오직 하나님이 성령으로 이것을 우리에게 보이셨으니 성령은 모든 것 곧 하나님의 깊은 것까지도 통달하시느니라".

에베소서 5장 5절, "너희도 정녕 이것을 알거니와 음행하는 자나 더러운 자나 탐색하는 자 곧 우상 숭배자는 다 그리스도와 하나님의 나라에서 기업을 얻지 못하리니".

마태복음 28장 19절, "그러므로 너희는 가서 모든 민족을 제자로 삼아 아버지와 아들과 성령의 이름으로 세례를 베풀고".

위 나열한 성경에서는 한 하나님(유일신)과 삼위(三位) 그리고 동등성(同等性)을 엿볼 수 있다. 삼위(三位)는 한 하나님의 충만한 존재(tota essentia)와 온전한 본질(tota natura)을 동등하게 갖고 있다. 성경이 증거 하는 삼위일체(Trinity)의 통일성과 삼위성은 성자의 오심으로부터 성령이 밝히 계시 되기 시작하였음에 유념해야 한다.

클로바, 토끼풀 잎은 3잎이 정상이다. 오늘날 정상이 통하는 행복을 보고 싶다. 3잎 토끼풀(클로버)의 꽃말에 행복이라는 뜻을 붙였다. Trinity 하나님을 바로 믿는 참된 그리스도인의 삶이 행복하다.

선교 보고

하나님과 사람 사랑(神人愛)

김경중 선교사

GMS, 말레이시아 조호바루

주의 이름으로 안부를 전합니다. 잘 지내시는지요?

저희는 한국에서 3개월가량 안식월을 갖고 남은 안식년을 보내려고 캐나다에 왔습니다. 그동안 관심과 기도로 협력해 주신 여러분께 감사의 인사를 드립니다. 도착한 지 열흘 남짓 되었지만 오기까지 주님의 도우심과 역사하심을 많이 체험하였습니다. 같은 은혜가 여러분의 교회와 가정에도 임하시길 간구합니다.

40시간의 예상치 못한 북미 여행

한국의 선교관을 떠나 딸이 사는 캐나다 온타리오주 런던에 도착하기까지 약 40여 시간이 소요되었습니다. 출발 전 미국 전자 비자(ESTA)를 준비하지 못해 인천 공항에서 두 시간 만에 비자를 받는 기적과 같은 경험을 하고, 하루 동안 미국 서부에서 동부까지 세 번의 비행기 여행을 하는 경험도 하였습니다.

인천에서 토론토까지 미국 미네야 폴리스를 경유하여 대략 17시간 정도 소요되는데, 도중에 환자 발생으로 다른 도시로 회항하는 연결 비행기가 없어 미국의 세 도시(Salt Lake City, Minneapolis, Atalanta)를 경유하였습니다. 가는 도중 일출을 보면서 주님께서 하늘과 땅 어디든지 함께하심을 느꼈습니다. 공항에서 내리면서 요나가 물고기 배에서 나와 얼마나 감사하였을까를 생각해보았습니다. 주님께서 새로운 지역에서의 사역과 삶을 위해 준비하신 일정이라 믿고 감사와 찬양을 올립니다!

주님의 준비하심

40시간의 여행 덕분에 저희 내외는 한국과 12시간 시차를 쉽게 적응할 수 있었습니다. 그리고 저희를 협력했던 런던 안디옥 교회에 참석해보니 교우들이 저희 안식년을 위해서 오랫동안 열심히 기도로 준비했음을 알았습니다. 담임 목사님은 저희가 머물 임시 숙소와 중고 차량까지 준비하였고 작년부터 젊은이들을 위한 영어 예배(EM service) 사역자가 없어 일군을 보내어 달라고 기도해왔다고 말해주었습니다.

저희는 현지 교회와 선교 지도자들과의 만남을 준비하는 중 교회의 강력한 사역 도움 요청을 받았습니다. 예상하지 못한 제안이었지만 "주께서 필요하시다"라면 순종해야 한다는 마음으로 받아들였습니다. 9월 첫 주 신학기부터 제가 약 15명의 이민 2세와 유학생을 위한 사역을 해야 합니다.

말레이시아에서는 아들 내외가 개척한 ECF 교회를 섬겼는데,

캐나다에서는 딸이 간사로 섬기는 영어 부서를 맡게 되었습니다. 이런 사역들이 흔히 않기에 감사와 더불어 떨리는 마음으로 순종합니다.

주님의 도우심과 여러 동역자의 기도 후원이 절대적으로 요청됩니다. 기도와 물질로 동역해주시는 여러분 가정과 교회 위에 주님의 평강과 은혜가 충만하시길 간구합니다.

2025년 8월 30일
김경중•이경숙 선교사

감사와 기도 제목들

1. 캐나다 안전한 입국과 사역지를 예비해 주심에 감사드립니다.
2. 요셉 가족이 카타르에 잘 적응하고 있습니다. 요셉의 스위스 국제학교 카타르(SISQ) 교사 활동과 브리티니의 가정 사역과 믿음의 공동체와의 교제를 위해서.
3. 거할 처소 준비와 열대의 날씨에서 갑자기 추워진 날씨에 잘 적응할 수 있도록.
4. 김 선교사의 런던 안디옥교회의 영어부 사역(김선영/대빗강-병원 일과 청년부 사역).

아도니람 저드슨 선교사의 뒤를 이어

김균배 선교사
미얀마 양곤, 저드슨 국제신학대학원장

먼저 하나님 아버지께 큰 영광과 감사를 올려 드리며, 감사와 기쁨의 소식을 드립니다.

양곤대학교 주변, 아파트에서 강의실을 마련하고 2007년에 설립하여 시작한 JUDSON INTERNATIONAL SEMINARY [저드슨 국제신학대학원]은 대학부 과정이 아닌 석박사 과정으로 학위 수여를 하면서, 평생 복음을 증거 하기 위해 헌신 된 목회 사역자들을 소수의 정예 요원으로 배출 해오고 있습니다.

한동안 미얀마 침례교단 신학교 캠퍼스 안에서 목회자 양성 전문 신학 교육 기관으로 세 들어서 6년을 독립적으로 운영하던 중, 코로나 팬데믹과 그리고 군부 쿠데타의 혼란 등 여러 어려움에 중에서도 예비해 주신 하나님의 은혜로 미사코 선교센터 약 150평의 부지 안에 60평 정도의 강의실을 마련하게 되었습니다. 향후 2층, 3층 증축할 수 있도록 기초 공사를 견고하게 했습니다. 저드슨 신학대학원은 첫 번째 졸업생을 배출한 이후 어느덧 내년 2026년 2월에는 제17

회 졸업식을 하게 됩니다.

지난 33년 동안 선교 사명을 [선교는 사람이다]라는 표어를 붙들고, 핵심 사역의 내용으로 인재 양성에 목표를 두고 달려왔습니다. 그리고 앞으로도 지속 그렇게 감당할 선교인 줄로 굳게 믿습니다. 저희는 부족하지만, 그동안 참 좋으신 성령님께서 이끌고 견인해주신 것은 크게 두 개의 수레바퀴입니다.

[크리스챤 리더십] 저드슨 국제신학대학원과

[글로벌 리더십] 국립 양곤대학교 이외 여러 곳의 대학에서 진행하는 개인 역량 강화(HRD) 교육 프로그램 프로젝트입니다.

선교지에서 예수님의 천국 복음 확장이 외형적인 건물 중심이 아니고, 다각화와 전문화된 요즈음 세상에서 하드웨어를 지배, 운용하는 소프트웨어 콘텐츠(교육 프로그램)로서 불교권 시민 사회와 군부 권력의 억압에 닫혀진 그 세상에 깊이 들어가서 크리스챤의 선한 영향력을 끼치면서 복음을 전할 수 있도록 하는 전략적인 선교 사역에 전심전력으로 애써 해 오고 있습니다(예: 양곤대학교 중앙도서관에 김균배/최기숙 기념 열람실-기독교 관련 서적). 그 과정에서, 많은 인적 자원들이 발굴, 양성되고 있으며 미얀마 불교문화권의 중심인 버마족 안에서 다양한 관계 전도가 이루어지고 있습니다. 이와 같은 교육 선교를 통해서 통치권 사역과 가진 자, 배운 자들에게도 복음의 접촉점과 선교의 교두보가 마련되었습니다.

[아도니람 & 앤 저드슨]은 미국인으로, 미국 개신교회 최초의 해

외 선교사로서 버마(미얀마) 랑군(양곤)에 도착한 미얀마 최초의 선교사입니다. 그분 이름을 인용해서 설립한 저드슨 국제신학대학원입니다. 영어로는 [Judson International Seminary]이기에 이니셜 단어로 줄이면 J.I.S.이고, 또 다르게 해석하면 Jesus Is Savior(J.I.S.)입니다. 할렐루야!

    올 한해도 두 손을 모으시는 기도 동역과 물질 후원이 그 어느 때보다 더욱 절실하기만 합니다!

주님 나라에 귀향할 그 날까지 한결같이,
변함없이 부름을 받은 미얀마에서 [남겨진 마중물]
김균배, 최기숙 선교사 드림.

치앙마이 성시화 운동을 위한 기도

김농원 선교사

GMS, 태국 치앙마이

1. 존귀하신 하나님

거룩하신 하나님 감사합니다.
능력의 하나님의 영광을 찬양합니다.
주님.
치앙마이 성시화 운동을 준비하고 계시는
김농원 선교사님께
성령께서 능력 행함의
은사를 부어 주소서.
예수님이 하신 능력을 부어 주시옵소서.
내게 능력 주신 자 안에서
내가 모든 일을 할 수 있다고 하셨으니 주님 안에서 주님이 주시는 능력이 김농원 선교사님께 충만히 부어 주소서. 기름 부음이 있게 하옵소서.

주님,

이 행사를 참석하는 모든 찬양 팀들과 진행팀들과 순서 순서를 맡은 분들에게 지혜를 더하여 주시고,

지식을 더하여 주시고,

내가 하는 것이 아니라

하나님이 직접 준비하고 진행하는 치앙마이 성시화 운동이 되게 하소서.

사랑이신 주님,

이 운동으로 주님께 영광이 되고, 많은 백성에게 구원의 은혜가 태국 땅을 넘어 열방을 하나님의 영광으로 덮어지는 귀하고 은혜로운 치앙마이 성시화 운동 되게 하옵소서.

그렇게 해주실 주님의 영광을 찬양합니다.

살아계신 예수님의 이름으로 기도합니다. 아멘.

2. 사랑하는 김농원, 강명선 선교사님께

태국에서의 귀한 선교 사역 소식을 전해주셔서 감사드립니다.

무더운 날씨와 여러 어려움 속에서도 영혼들을 향한 열정과 사랑으로 헌신하시는 모습에 깊은 감동과 도전을 받습니다.

특별히 8월 29일, 치앙마이 성시화 대회를 앞두고 중요한 준비 과정들이 순탄하게 진행되도록 기도하겠습니다. 각 순서를 맡으신 분들에게 하나님의 기름 부으심과 인도하심이 가득하길 기도하겠습니다.

항상 건강하시고, 주님 안에서 기쁨과 평안이 넘치시길 소망합니다.

감사드리며, 사랑과 기도로 응원하겠습니다.

3. Save me

Save your neighbors.

Save the city.

Furthermore,

Save the country.

to save the nations

We support the Chiang Mai Holy City Prayer Union Movement with our hearts and join us in prayer.

I pray to bless and pray for the missionary who stands at the center and leads.

With the mouth of Pastor Yoo Young-wan, who will deliver the Words from God,

I hope that the essential Words will be delivered to everyone gathered.

I also pray for express delivery with three teams of Cheon-An Sky(Ha-Neul) Presbyterian Church.

The 1,000 praises and the prayers in order are given only the Holy Spirit, and the praises and prayers led by the Holy Spirit are raised to honor God.

I wish and pray for a time to give joy to God.

In particular, the prayers who are responsible for the 40-day relay prayer are very tired and happy.

Prayer Lord.

I pray that you will be a team that makes God Work.

Because of me.

Even one more person will pray.

If you start a prayer movement,

The kingdom of God expands further.

The completion of the mission will be achieved in God's will.

Missionary.

Bless and respect.

You're strong.

God's Wisdom and Power.

With God's Love.

In the midst of joy.

I pray that you will take on all the tasks.

Only God depends.

God only wants me.

Strong and peaceful.

수영로교회 50주년 기념 파송 선교사 홈커밍데이
2025.6.18-26

왕의 자녀를 기르고 돌보며

김동국 선교사

GMS, 우간다 소로티, 킹스키즈 유초등학교장

주님의 이름으로 적도 우간다에서 문안드립니다.

세계적 기상이변으로 폭염과 폭우에 얼마나 고생이 많으십니까? 아프리카 우간다도 예외는 아닙니다. 소우기인데도 대우기처럼 연일 빗줄기가 쏟아지고 있습니다. 폭염은 없어서 감사한 일이기도 합니다.

2학기, 은혜중에 종강하였습니다.

우간다는 일 년 3학기 중 2학기를 종강하였습니다. 600여 명의 어린이가 3주간의 방학을 맞아 집으로 돌아가고 6, 7학년 130여 명만 방학 보충수업 차, 남아 있습니다. 경비를 보던 오피오 밀턴은 술만 마셨다 하면 잦은 결석과 지각 등으로 여러 차례 경고에도 불구하고, 업무정지로 집에 머무르게 되었습니다. 그러자 부부싸움으로 아내가 남편 손가락을 무는 사고가 터졌습니다. 동네 클리닉에서 간단하게 응급처치 정도만 하였습니다. 자꾸 손이 부어오르고 고름이

나서 시내 큰 병원에 가서 종합진단을 받았습니다. 그러자 팔을 잘라내야 할 정도로 심각하게 상해 있었습니다. 학교에서 다시 치료비를 거둬서 도와줬는데, 그만 팔 절단 수술 전날 사망하였습니다. 참으로 안타까운 일이 아닐 수 없습니다. 당뇨병에 파상풍으로 감염되어 사망했다는 최종진단이 나왔습니다.

성경 쓰기, 감사하게 마무리하였습니다.

2학기 성경 쓰기에 105명이 참여하였습니다. 일, 이, 삼 학년들은 35명이 다니엘서를 두 번 쓴 아이들이 2명이며 1번 이상 쓴 학생들이 2명이었습니다. 마가복음을 쓴 51명 사, 오학년 중 한 번 쓴 학생들이 열 명이 나왔고, 두 번 이상 쓴 학생들이 다섯 명 나왔습니다. 19명의 육, 칠 학년들은 요한복음을 필사하였습니다. 다섯 명이 한 번 이상 필사였고, 두 명이 두 번 이상, 한 학생이 세 번 이상 필사하였습니다.

두 번 이상 필사한 학생들은 배낭을 선물로 받았습니다. 288쪽 노트와 볼펜, 비스켓 등을 선물로 각각 필사한 분량에 따라서 선물을 받았습니다.

34년 된 학교 버스, 이수즈 저니 버스 오버홀 중입니다.

2014년에 구입한 1991년식 학교 버스 이수즈 저니 버스를 오버홀 중입니다. 수도에서 한인 사장님 밑에서 정비를 배운 모제스를 불러서 시작하였습니다. 크랭크 샤프트 한가운데와 커넥팅 로트 및 메인 베아링 그리고 피스톤 링과 클러치 패드, 라디에이터 등 여러 군데가 문제로 나타나 교체하고 수리하도록 하였습니다. 3학기 학교 운영을 위하여 방학 중 완전 정비를 하여야 합니다. 하루 네 번씩 운행하는데 시골길이라 비포장길에다 구덩이가 너무 많아 파손이 빨라진 것으로 보입니다. 34년 된 엔진에도 학교를 운영하는데 효자 노릇을 해와 감사할 따름입니다. 부속 확보가 어려우면 엔진 자체를 완전히 교체해야 합니다. 수도로 보낸 정비공이 계속 해당 부속을 찾고 있지만, 쉬운 일이 아닙니다. 일본에서 수입한 중고 엔진조차 약 $8,000가량의 비용과 정비기술이 모두 문제이기도 합니다.

방학 보충수업 중입니다.

3주간의 방학이지만 6, 7학년들은 방학 보충수업을 하고 있습니다. 7학년 졸업 고사를 앞두고 있기에 전국적으로 보충수업은 필수입니다. 약 130여 명이 보충수업 중이라 계속 아이들과 교사들을 돌보아야 합니다. 우간다 현실이 그러하니 저희도 현실에 맞추어 진행하고 있습니다. 다음 주엔 수도로 130여 명이 수학여행을 가게 됩니다. 새벽 0시에 출발하여 다음 날 새벽 1시까지 돌아오는 장시간 여행입니다. 거리는 300km 장소는 세 군데 즉 포트벨 탄자니아 페리 선착장 그리고 우간다 TV 방송국, 순교자 박물관 등입니다. 다음 주 금요일입니다. 안전 운행이 이루어지기를 기도합니다.

기도 제목을 나눕니다.

1. 34년 된 학교 버스 엔진 완전히 교체되어 3학기가 준비되도록 기도 부탁드립니다.
2. 다음 주 수학여행에서 순교박물관에서 순교자의 신앙을 배워 오도록 기도 부탁합니다.
3. 사망한 경비원 딸들의 장학금을 기다립니다.

2025년 8월 26일
적도 아프리카 우간다에서
김동국/김문숙 선교사 드립니다.

한 영혼과 함께하시는 하나님

김홍명 선교사

캄보디아 깜뽕짬, 캄보디아 가나안농군학교장

1장. 선교사 소개 및 사역 배경

김홍명 선교사는 1999년부터 중국 단동에서 가나안농군학교 교장으로 15년간 사역하며, 탈북자 지원, 북한지역 교회 연계, 심장병 및 백내장 수술 등 다양한 인도주의 사역을 감당해 왔습니다. 그러나 2013년, 중국 정부의 외국인 사역자 추방 조치에 따라 중국 사역을 마감하게 되었고, 2014년부터 캄보디아에 재 파송되어 현재는 깜뽕짬주에 위치한 캄보디아 가나안농군학교를 중심으로 선교 사역을 이어가고 있습니다.

캄보디아는 기후와 경제적 환경이 매우 열악하며, 청소년들의 교육 기회 부족과 지역사회 낙후 문제가 심각한 곳입니다. 그 가운데서도 하나님께서 허락하신 사명을 따라 한 영혼, 한 지역을 변화시키기 위한 사역을 묵묵히 감당하고 있습니다.

2장. 사역 영역별 현황
1. 교회사역 (주일학교 중심 청소년 복음 사역)

캄보디아 청소년들을 중심으로 한 교회사역을 중심에 두고 있으며, 매주 주일학교를 운영하며 말씀을 가르치고 복음을 전하고 있습니다. 청소년들의 신앙 형성과 삶의 변화에 초점을 맞춘 사역입니다.

2. 방과 후 교육 사역

캄보디아의 열악한 교육 현실 속에서 지역 청소년들에게 실질적인 교육 기회를 제공하고자 다음과 같은 방과 후 교실을 운영 중입니다.

컴퓨터 교실: 기본적인 IT 교육

한국어 교실: 한국문화 이해 및 언어습득

음악 교실: 예배 및 예술 교육 지원

3. 청소년 클럽 사역 (체육 중심의 선교)

신체활동을 통해 공동체성을 키우고자 청소년 클럽을 운영하며, 축구교실, 체육교실을 통해 건전한 여가활동과 공동체 훈련을 제공합니다.

4. 농장 및 지역개발 사역

현지 주민들의 자립을 위한 다양한 농업교육 및 자활사업을 진행 중입니다.

농업기술 교육, 가축은행, 병아리 보급사업, 양계, 양돈, 수생동물 등 다양한 소득 창출 프로그램을 진행하고 있으며, 주민들에게 실질적인 도움을 주고 있습니다.

5. 지역사회 섬김 사역

지역학교 건립 지원 부르유토끼(불우이웃돕기 운동): 매년 자전거 보급, 우물 파기, 주택 지어주기 등 캄보디아의 가장 취약한 이웃들을 섬기기 위한 운동도 활발히 전개하고 있습니다.

3장. 사역 현황과 기도 제목

코로나 팬데믹 이후에도 지속된 경제적 어려움과 열악한 교육·의료 인프라 속에서 사역은 많은 도전 속에 있습니다. 그럼에도 불구하고 하나님께서 도우시고 인도하심으로 지금까지 선교지에서 귀한 열매들을 맺어가고 있습니다.

최근에는 한국교회와 후원자들의 어려움으로 인해 후원이 줄어들고 있는 현실도 있지만, 사역은 멈추지 않고 계속 이어지고 있습니다. 이 가운데 "하나님의 사명을 감당할 수 있도록" 간절한 기도를 부탁드립니다.

기도 제목
1. 청소년 주일학교와 방과 후 교육을 통해 복음이 깊이 뿌리내리도록.
2. 농장 및 가축 사역을 통한 주민 자립이 확장되고 지속되도록.
3. 후원이 줄어든 상황 속에서도 하나님 공급을 신뢰하며 감당하도록.
4. 캄보디아 현지 사역자들이 자립적 선교 동역자가 될 수 있도록.
5. 김홍명 선교사 건강과 가족의 보호, 지혜로운 사역 감당을 위해.

수도노회 선교위 '캄보디아 미션국제학교 개교'*

박선교 선교사

캄보디아 프놈펜

    수도노회 선교위원회(위원장: 맹일형 목사)는 지난 7월 8일 캄보디아 프놈펜에서 '미션국제학교 개교 예배'를 거행했다.

    캄보디아 미션국제학교는 수도노회(노회장: 김응렬 목사)와 참사랑교회(한태호 목사)가 파송한 박선교·이만우 선교사의 기도와 헌신으로 출발했다. 여기에 수도노회 선교위원회와 참사랑교회 성도 및 후원자들의 눈물과 협력이 더해져 아름다운 열매를 맺은 것이다.

    수도노회 선교위 등은 2018년 6월에 학교부지 10,000㎡를 매입하고 공사에 들어갔다. 다만 얼마 뒤 코로나 팬데믹이 발생하면서 어려움도 겪었지만, 공사를 중단하지 않고 꾸준히 진행한 끝에 올해 들어 비로소 미션국제학교를 완공할 수 있었다. 아울러 지난 7월 3일에는 캄보디아 교육부 인가 절차도 완료했다.

* 송상원 기자-기독신문사

개교 예배는 정봉기 목사 인도, 백양선 장로 기도, 맹일형 목사 설교, 채이석 목사 축도 순으로 드렸다. 선교위원장 맹일형 목사는 '요셉의 비전'이라는 제목의 말씀을 통해 "미션국제학교가 요셉과 같이 비전을 품고 그 비전을 실현하는 학교가 되어 캄보디아를 주님의 나라로 이끌길 바란다"라고 축복했다.

이어 박선교 선교사가 학교 개요를 보고하고, 참사랑교회 담임 한태호 목사, 선교위 부위원장 박권익 목사, 캄보디아장로교신학대학 김재호 총장이 축사를 전했다. 수도노회장 김응렬 목사는 격려사와 더불어 후원금을 전달했다. 수도노회 선교위와 참사랑교회 또한 후원금을 전달했다.

미션국제학교는 8월 1일에 개교하지만, 아직 모든 것에 갖춰진 게 아니다. 꾸준히 학생을 모집해야 하고, 공사대금과 대출금도 상환해야 한다. 여기에 학업에 쓰일 집기와 비품도 마련해야 해서, 한국교회의 기도와 후원이 절실한 상황이다.

출처: 주간 기독신문(https://www.kidok.com). 2025년 8월 4일자, 편집자주.

정글에 타오르는 복음의 열정

박철현 선교사

GMS, 동남아 이슬람(말레이시아, 인도네시아)

1. 선교사 소개

박철현 / 이혜영 선교사는 GMS 파송으로 1998년 7월, 말레이시아에 도착했으며, 몇 년 전에 연세대 언더우드상을 수상하였고, 선교 영화로 제작된 '파파오랑후탄'의 주인공입니다.

2. 선교지 소개

말레이시아는 '인종 전시장'이라 부를 만큼 다민족 다언어 국가로 유명하고 종교 또한 다양합니다. 부족마다 자신의 고유 종교를 가지고 있는데, 대표적으로 현재 정권을 잡은 부족은 말레이족으로 이들의 종교는 이슬람교 공동체를 구성하고, 타 종교를 적대적으로 생각하여 절대 대적하며, 이들에게 복음을 전하면 법적인 제재를 받게 하여 구속하고 또 외국인은 추방합니다.

말레이 부족이 아닌 타 부족에게도 복음을 전하는 것도 집시법에 따라서 불법이지만, 말레이 부족을 제외한 다른 부족들은 복음이 수용적이라 정부의 통제가 미치지 않는 부족들에게 선교사들이 복음을 전해 왔으나 정글이 개발되면서 길이 열리고 인터넷이 들어오면서 정부 통제권으로 서서히 들어오면서 복음을 전할 수 있는 통로가 점점 좁혀져 가고 있습니다.

이런 상황에서도 말레이시아에서 복음을 전할 수 있는 그룹은 전체 인구의 약 25%인 화교들입니다. 그다음으로는 전체 인구의 10%인 인도에서 이민 온 인디언들이고, 약 10% 원주민들과 외국인들에게 복음이 전해지고 있는데, 저는 말레이시아 입국 이후, 정글의 원주민들에게 복음을 전하는 선교를 시작하여 오늘에 이르며, 아래와 같은 선교 사역을 하고 있습니다.

3. 진행되고 있는 선교 사역들

1) 교회 개척

목회의 꽃이 교회이듯이 선교의 꽃도 구원받은 영혼들이 예배할 수 있는 교회 개척입니다. 말레이시아 원주민들은 5천 년의 역사를 가지고 정령신앙을 섬기며 정글에서 원시적으로 살아왔습니다. 저는 이 원주민 마을을 방문하여 복음을 전하는 가운데, 현재 123개의 교회가 건축되었습니다. 교회를 개척하면서 수많은 간증들을 주셨는데, 그중에 하나는 우루 깜빠 원주민 마을에 사는 까심이라는 청년은 정글의 환각 나무에서 채취한 환각제를 흡입하여 중독 상태에서 5년 동안 박 선교사를 죽이겠다고 정글 칼을 들고 쫓아다

넜는데, 결국 폐병으로 쓰러졌으나 선교사의 기도를 통해서 회복되어 예수님을 영접하고 목회자가 되어 다른 부족 마을들을 방문하여 복음을 전하는 목사가 되어 동역자로 복음을 전하고 있습니다.

2) 신학교 사역

말레이시아는 이슬람교 국가이기에 목회자를 지망하는 젊은이들이 극소수이며, 이로 인하여 목회자를 외부에서 청빙 할 곳도 없습니다. 그래서 자체로 목회자를 양성하는 신학교를 개교하여 원주민 마을에서 청년들을 선발하여 신학교에서 합숙하며 목회자를 양성하여 개척된 교회에 목회자로 파송을 하고 있습니다.

3) 의류 보급 사역

의류는 인간의 기본적인 필수품인데도 정글에 사는 원주민들은 의류가 부족하여 맨몸으로 생활을 하여 거친 정글과 말라리아, 코브라, 전갈 등 많은 해충에게 몸이 노출되어 몸에 많은 상처와 또 새벽 냉기에 노출되어 많은 사람이 건강을 잃었고, 지금은 점점 개선되어가고 있지만 얼마 전까지만 해도 평균 수명이 40세였습니다. 그래서 한국에서 가져온 헌 옷과 현지 도시를 돌며 중고 옷들을 모아 원주민들에게 보급하는 일을 하고 있습니다.

4) 수저 보급

정글의 원주민들은 수저가 없어 손으로 식사를 해왔습니다. 식사 때에 오염된 손을 통해서 각종 질병에 쉽게 감염이 되어 장염으로 인해서 건강이 약한 사람들이 많습니다. 질병 감염 예방과 신문화를 보급하는 차원에서 마을마다 수저를 보급하는 사역을 확대해 나가고 있습니다.

5) 비누 보급 사역

원주민들 마을에는 아직도 이들이 많습니다. 이유는 늘 열대지방의 비에 젖은 몸을 비누가 없어 청결하게 몸을 씻지 못하는 데서 오는 요인입니다. 그래서 비누를 보급하여 위생을 향상하고 있습니다. 선교 초창기에 비누를 보급할 때 주의와 사용법을 알려 주었음에도 향긋한 비누 향의 유혹을 이기지 못하여 비누를 갈아먹는 아이들도 있었으나, 지금은 비누를 사용한 덕분에 이들이 사라지고 빠르게 환경이 개선돼 가고 있습니다.

6) 미용 사역

원주민 마을에는 미용실이 없습니다. 그래서 무작정 머리를 길러 묶는 사람들이 많아서 냄새와 위생에 문제가 많았습니다. 제가 군 복무를 할 때, 잠시 이발병 보조로 근무하던 경험이 있어서 1999년부터 이발 기계를 구입하여 원주민들의 머리를 무조건 삭발을 해왔으나 지금은 스스로 기술을 터득하였고 미용팀을 만들어서 다양한 스타일로 원주민 마을들을 순회하면서 원주민들의 머리를 잘라주는 미용 사역을 하고 있습니다.

7) 밥퍼 사역 및 식량 보급

최근 정글의 벌목으로 인하여 생태계가 파괴되면서 원숭이, 멧돼지, 이구아나, 사슴 등의 사냥감들이 급격히 감소하여 원주민들이 식량난을 크게 겪고 있습니다. 그래서 원주민 마을을 순회하면서 쇠고기 무우국을 끓여 음식을 제공하고, 상황에 따라서 쌀도 보급하고 있습니다.

8) 망고나무 보급 사역

식량난으로 고통을 당하는 원주민들에게 쌀을 공급하고, 밥퍼 사역을 하고 있으나 이것도 한계가 있어서 근본적으로 원주민들의 자립을 위해 한 가정당 5그루의 망고나무를 보급하여, 사냥이 안 되는 날에는 비상식량으로 사용하도록 하는 사역을 하고 있습니다.

9) 원주민 학교 보내기 운동

깊은 정글에 사는 원주민들은 학교에 갈 수가 없습니다. 그래서 건축된 원주민 교회에 학교를 열어 낮에는 어린아이들을, 밤에는 어른들에게 글을 가르치면서 문맹을 깨우고 그들의 의식을 개화해 나가고 있습니다. 또 더 공부를 원하는 아이들은 모든 학비를 지원하여 읍내의 학교로 보내어 공부의 기회를 제공하고 있습니다. 약 300여 명 어린이가 학교 보내기 프로젝트를 통해 공립 학교에서 공부하고 있습니다.

10) 리빙스톤 선교병원

보통 원주민 가정은 평균 10여 명 이상의 아이들을 출산해왔습니다. 이유는 질병으로 약 30%에서 50%까지 자녀를 일찍 잃은 경우가 많았기 때문입니다. 이들은 주로 정글의 열악한 환경과 영양부족과 기온의 변화로 인해 주로 폐렴으로 많은 어린이가 사망하고 식수 또한 강물을 마시기 때문에 장염과 무더운 적도의 정글에서 건강을 쉽게 잃어 왔습니다. 그래서 이들의 건강 지킴이로 선교병원을 개원하여 운영하고 있습니다. 현재 의사 2명, 산파 1명, 간호사 2명, 약사 1명, 사무원 2명이 병원을 운영하고 있습니다.

11) UN 난민학교 사역

난민들은 시민권이 없이 타국에서 살아가는데 말레이시아에 있는 난민은 10만여 명으로 파악됩니다. 이들은 난민 신분으로는 법적으로 학교에 갈 수 없어 난민학교를 개교하여 교육과정을 마친 후 자원자에게만 UN 난민기구를 통해 미국과 캐나다로 보내며, 그곳에 정착시키는 학교 사역을 하고 있습니다.

12) 빅토리 크리스챤 스쿨

말레이시아 본토에서는 법적으로 크리스챤 학교를 개교하기가 쉽지 않습니다. 반면에 세계에서 가장 많은 회교도가 사는 인도네시아는 법적으로 쉽게 크리스챤 학교를 개교할 수 있습니다. 말레이시아에서 약 2시간 거리인 인도네시아령의 빅토리 섬에 크리스챤 정규학교를 개교하여 크리스챤 인재들을 양성하고 있습니다. 그 섬은 회교도 주민이 약 92%이지만, 학교를 통해서 학생들이 예수님을 영접하고 그 부모까지도 개종하고 있습니다. 다행히 인도네시아는 회교도라 할지라도, 다른 종교로의 개종이 허락되고 있습니다. 현재 이 학교에 13명의 교사와 약 300여 명의 학생이 공부하고 있습니다.

4. 기도 제목

1. 건축 중인 신학교에 후원자를 보내주시도록.
2. 절대 부족한 현지인 목회자가 보충되고, 생활비 후원이 연결되도록.
3. 정글 목회자들에게 오토바이를 보내주시도록.
4. 빅토리 크리스챤 스쿨에 채플 강당을 건축하도록.
5. 수마트라 두마이 섬에 선교관을 주시도록.
6. 아직도 예수님을 모르는 새로운 부족들에게 복음이 전해지도록.
7. 사역자들이 성령 충만해서 헌신 된 모습으로 사역을 감당하도록.
8. 원주민들 식량을 대용할 망고나무 10만 그루 보급을 위해서.
9. 이슬람 정부가 점점 원주민 마을로 영향을 미치는데, 선교에 장애 되지 않도록.
10. 함께 동역하는 선교사님들이 하나 되어서 끝까지 섬기도록.

주님께서 품으신 베트남과 한국

이선재 선교사

GP, 사상교회 다문화부, 부산외국어대학교 국제학부

1. 사역 소개
사역 명: 베트남-대학 교수/한국-베트남인 이주민
사역 지역: 베트남 호찌민시/한국 부산
사역 분야: 베트남-대학생 사역과 가정교회 협력 사역,
  한국-결혼한 베트남인 이주민 사역
사역 목표: 베트남 교회와 국가의 창조적 일꾼인 평신도 지도자
  양육

주요 사역 활동: 1999년 10월부터 2019년 12월까지, 베트남 호찌민시에 있는 홍방국제대학교 국제언어학부 한국학과에서 한국어를 강의하고 했습니다. 한국어를 강의하면서 학생들과 친분을 유지하고, 학생들에게 복음을 전하여 영접한 학생들과 같이 제자훈련을 했습니다.

베트남에는 공인교회도 있지만 가정교회를 통해서도 복음의 확산이 빠르게 되고 있었습니다. 여러 그룹의 가정교회가 있는데 그

중 UGOC(United Gospel Outreach Church)와 협력을 했습니다. 그 그룹의 대학생 모임(예수 세대)이 있는데, 그 대학생들과 매 주일 오전에 함께 예배드리고, 대학생들을 위한 기숙사를 운영하며 제자훈련 사역을 했습니다.

2022년에 한국으로 사역지를 옮기면서 김해 부산 지역에 정착했습니다. 현재는 부산 사상구에 있는 사상교회에서 다문화부를 맡아 사역하고 있습니다. 사상교회 다문화부는 베트남, 필리핀, 캄보디아 결혼 이주민들이 출석하고 있으며, 결혼 이주민들과 자녀들이 함께 예배하고 있습니다. 그리고 부산 지역에 있는 베트남 유학생들을 돕고 있습니다. 현재 부산외국어대학교 국제학부에서 유학생들을 대상으로 강의하면서, 복음을 전하고 있습니다.

2. 사역 이야기

선교의 시작: 1996년 1월, 베트남 호찌민시에 도착해서 베트남어를 배웠습니다. 1년쯤 지난 후에 우연히 현지 대학 한국어학과에서 한국어를 가르치게 되었습니다. 그것이 계기가 되어 약 20년 정도, 호찌민시에 있는 여러 대학에서 한국어 강의를 했습니다.

주요 경험 및 도전: 베트남에서 한국어학과들이 생기는 초창기에 강의하는 현지 교수들은 대부분 북한 김일성대학이나 김책공대에서 유학했습니다. 그분들의 북한식 한국어(조선어)가 재미있기도 했습니다. 현재는 대부분 한국 대학에서 유학을 마친 교사가 강의하고 있고, 몇몇 교사들은 제가 가르친 분들입니다. 한국학과들이 많이 생기고, 중고등학교에서도 한국어를 가르치는 등 한국어 열풍

이 불고 있습니다.

사역을 통해 얻은 교훈: 20년이 넘는 기간 동안 대학에서 학생들을 만나면서 베트남 젊은이들의 생각과 삶의 변화를 볼 수 있었습니다. 당시에는 사역의 어려움과 느린 복음의 진보가 힘들었지만, 시간이 지나면서 복음의 진보를 보면서 선교사들이 노력하지만 결국 일을 이루시는 분은 하나님이신 것을 깨닫게 되었습니다. 그리고 선교는 내가 만들어 가는 것이 아니라 하나님이 인도하시는 걸음을 따라가는 것을 느끼는 시간이었습니다.

사역의 성과와 변화: 제자들이 현재 대학에서 교수로서 자기 책임을 잘 감당하고 있는 모습을 보는 것이 보람이고, 한국에 유학 왔던 제자들이 하나님을 만난 것도 은혜이고, 한국에서 자기 민족들을 돕는 이주민 사역을 하는 모습을 보는 것도 기쁨 중 하나입니다.

3. 결론

사역의 비전: 한국에서의 비전은 베트남 이주민 사역자들이 그 사역을 잘 감당할 수 있도록 네트워크 만들고, 그 사역을 지원하는 것입니다. 이제 다문화 다민족 사회가 된 한국에서 이주민 사역이 활발하게 일어날 수 있도록 한국교회를 돕고 동원 사역을 하기 원합니다.

기도 제목: 저는 지난 2019년 7월, 베트남에서 급성심근경색으로 쓰러져 시술을 받았습니다. 현재는 심부전으로 한국에서 치료를 받으며, 조심스럽게 사역하고 있습니다. 건강관리를 잘 할 수 있도록 기도 부탁합니다.

다시 부흥을

장상기 선교사
GMS, 일본 도쿄

충신 신대원 시절 선교의 꿈을 꾸었으나 선교는 아무나 하는 것이 아닌 줄 생각되어 계속 한국에서 목회하였다. 그러나 목회하는 중, 하나님께서 다시 선교사로 부르셔서 뒤늦게 선교사로 헌신하였다. 선교지를 결정하는 문제에 있어서 창 1:27과 요 4장 말씀에 도전을 받아, 영적 사마리아인 일본을 결정하였다.

선교 초기시절 가능하면 시행착오를 겪지 않기 위해 큰 노력을 하였지만, 아직 선교지에서의 짧은 시간을 보내는 가운데서도 시행착오가 있었음을 고백한다. 그것은 먼저 나 자신의 준비와 그다음 선교지 정착 과정에서 신임선교사를 받아들이는 현지 지도력의 문제와 매뉴얼 부재로 일어나는 대부분 선교지의 현상인 것 같은 생각이 든다. 세계는 변화무쌍하게 변화하고, 발전을 거듭해 가지만 선교지의 특성상 변화가 느리고, 오래된 현지의 문화와 관습에 적응해야 살아남을 수 있는 선교사들의 삶과 선교 과정은 시간이 지나면서 자연히 현지화되어 가는 가운데에, 새로운 변화나, 도전을 피하고 싶어 하는 시니어 선교사들은 자신들의 경험을 통해 배운 안전하다고 생각되는 길을 20~30년이 지나서도 계속 똑같은 과정과 방식을 초기에 정착하는 초임선교사들에게 똑같이 요구하는 것 같다.

한국교회는 쇠퇴기를 맞이하고 있고, 자연히 선교헌신자도 줄어들어가는 시대의 흐름은 선교지에 직격탄을 가하고 있다. 한국에서 일어나는 일이지만 부모 세대들은 자녀들에게 아무리 좋은 취지의 말이라도 '내가 옛날에 이런 일을 겪었다.'라는 식으로 말하는 것을 삼가야 한다. 그런 말을 자녀들은 받아들이지 못하고 있는 것이 오늘날의 현실이다. 한국은 세대 간에 급격한 문화충돌을 겪고 있고, 이런 변화를 무시하고, 옛날 사고방식만 가지고서는 자녀들을 제대로 키우기가 쉽지 않다. 선교지의 상황과 문화와 관습은 여전히 옛날 그대로인데, 새로 선교지에 들어오는 한국 선교사들은 비록 하나님께 대한 소명과 헌신을 가지고 선교사의 삶을 살기 위해 선교지로 들어오지만 그들의 사고와 삶의 스타일은 극심한 변화를 겪고 있는 한국인의 모습이 베어 있다. 그런 초임선교사들을 선교지에 있는 선임선교사들이 받아들이고 안내할 때, 자신들이 겪은 30~40년 전의 경험만을 가지고 안내하지 말고, 보다 유연함과 탄력적으로 선교지에 적응할 수 있도록 안내해 주었으면 한다. 또한 젊은 선교헌신자들이 점점 줄어드는 시대적 흐름 속에 한국 교단 선교부도 교단의 정체성을 수호하면서도 시대의 변화에 탄력적으로 대응하는 선교사 훈련과 허입을 넓히는 정책의 변화가 가져왔으면 하는 바람이다.

나는 일본에 처음 도착해서 말도 하지 못하면서 언어연수를 하는 2년 동안 일본인 교회에 출석하여 일본교회와 성도들의 신앙 모습을 배웠다. 그러나 시간이 지나면서 일본교회에서는 목회자가 비어있는 교회가 있다고 하더라도 외국인 선교사들에게는 문호를 잘 개방하지 않는다는 것을 알게 되었다. 물론 일본어를 잘한다면 문제는 달라지겠지만 교회를 맡을만한 일본어 능력이 되려면 적어도 4~5년은 넘어야 중소도시나 시골 지역에 소개를 받을 수가 있고, 대도시에 있는 일본인 교회는 벽이 높아서 외국인 선교사에게 교회를 잘 맡기려 하지 않는다는 것이었다.

나는 바울이 로마를 선교의 거점으로 삼아 세계 선교를 한 것처럼, 어떻게 하든지 도쿄를 중심으로 일본선교를 펼쳐나가고 싶었다. 도쿄에는 대부분의 한인 선교사들이 일본인 교회보다는 교포들과 유학생들을 대상으로 하는 교회를 하였고, 또한 가족 중심으로 개척교회를 하였다. 나는 언어연수를 하는 동안에도 어떻게 하든지 말씀을 전하고 싶었다. 사역에 대한 갈증이 컸다. 그래서 여기 저기 설교하러 오라고 하면 거리를 마다하고 갔다. 북쪽으로 아오모리, 남쪽으로 시고쿠, 오사카 등에 설교하러 다녔다. 3년이 지나자 마침내 하나님께서 도쿄에 있는 개척교회를 맡도록 인도하셨다. 성도 수는 5~6명 되는 교회이다. 일본의 교회들은 대부분 성도 수가 10명 안팎의 교회들이고, 20명 정도의 성도가 있는 교회는 자립되는 보통 교회이다. 나는 이 교회를 선교의 기지로 삼아 일본선교의 비전을 이루려고 한다.

하나님이 나에게 주신 비전은 부흥이다. 한국목회를 통하여 교회의 부흥과 성장을 경험케 한 나는 일본에 와서 너무도 약하고, 힘없는 일본교회의 현실을 안타깝게 여기는 가운데, 하나님께서 나에게 일본교회의 부흥을 위해 일하게 하시는 선교의 비전을 주셔서 주변에 뜻있는 선교사들과 함께 일본교회의 부흥을 위해 일하게 하신다. 일본은 변화가 없는 곳이다. 또한 폐쇄적이고, 개인주의가 강하다. 그래서 쉽게 복음을 받아들이지 않는다. 겉으로는 "예"라고 대답하지만, 그 "예"라는 대답에는 많은 변수가 있다. 본마음과 겉마음이 다른 일본인들이 언제 복음을 진정으로 받아들여 구원받는 영혼이 될지 모르지만, 어느 때 보다 한류의 바람이 강하게 불어오고 있는 지금 일본 땅에 영적인 부흥의 바람을 이곳에도 불어오게 해 달라고 하나님께 기도한다.

선교 목회

한국어 교육과 자비량의 오묘한 만남

베트남 현지 한인 목회 / 현지 대학 한국어 교육을 중심으로

김동석 선교사

베트남 호찌민시

저는 부족하지만, 하나님께서 부르셔서 동기 목사님들과 같이 신대원을 졸업한 후, 약 14년 동안 부교역자 사역 경험을 가졌습니다. 그리고 이러한 사역 경험을 바탕으로 하여, 지금까지도 해외 이민 목회의 사역 현장에서 부르심의 소명을 따라서 헌신하고 있습니다. 이렇게 동기 목사님들이 해외 선교 사역의 중요한 흔적을 남기는 자리에 저의 부끄러운 모습을 말씀드리기는 너무나 송구하지만, 제가 최근에 새롭게 경험하고 있는 새로운 해외 사역의 방향에 대한 의견을 정리해 보는 것도 의미가 있다고 판단이 되어서 이렇게 글을 남기게 되었습니다. 부족한 사람이 오늘 소개하고자 하는 새로운 사역의 범주는 그동안 해외 사역의 현장에서 많이 활용되고 있는 교육 선교의 한 방법입니다.

조금 더 구체적으로 언급하자면, '현지에서의 한국어 교육을 통

한 선교적인 접근 방안' 정도가 되겠습니다. 우리가 이미 잘 아는 대로 한국교회의 초기 선교 역사에도 이 방안은 적극적으로 활용되었습니다. 그 당시 많은 선교사를 통하여 새로운 언어와 문화의 전파가 이루어졌고, 이를 바탕으로 하여 한국교회와 한국 사회에 획기적인 변화와 성장을 경험하였습니다. 특히 최근 국제적으로 한국어의 관심과 위상이 상당히 고무적이라는 사실은 재론의 여지가 없다고 생각합니다. 그래서 이제 한국에서의 목회 사역을 정리하시는 동기 목사님들이 목회 현장에서 은퇴하신 후에, 새로운 사역의 현장으로 연결되는 방안으로 '한국어 교육'이라는 방법을 간단하게 소개하고자 합니다.

이 방법은 한국어로 많은 사람과 대화해 본 경험을 가진 분들에게 적합합니다. 그리고 이 방법은 현지인들을 위한 긍휼의 마음을 품고 선교적인 관심을 가진 분들과 한국어로 듣기 말하기 읽기 쓰기의 방법을 자연스럽게 구사할 수 있는 능력을 이미 갖추고 있는 분에게 적합합니다. 더욱이 이 방법은 경제적 목적이 아니라, 교육적 관심을 가지고 현지인을 만나려는 분들과 특별히 사회적 성장이 더딘 해외 지역에 대한 지역 사회 개발에 대한 부르심의 소명을 품고 있는 분에게 적합합니다.

이 방법은 개인적으로 건강을 관리할 수 있고, 새로운 활력을 찾고 있는 분들이나, 교육 선교의 의미를 갖고 새로운 도전을 준비하면서, 현지에서의 정상적인 체류 신분을 보장받을 수 있는 매우 적법하면서도 효과적인 방법입니다. 또한 사회적인 성장이 아직 미흡하여 생활 수준이 열악한 사회일수록 기본적인 생활비를 보장받을 방법이 되기도 합니다. 그리고 목사님들이 오랜 기간 축적된 목회 사역의 현장에서 쌓아 온 노하우를 발휘하는 일, 예를 들면 심령이 곤고하여 힘들어하는 영혼들을 발견하고 그들을 복음으로 위로하며 지도하는 일에 적극적으로 동참할 수 있는 매우 효율적인 과정이라고도 생각됩니다.

기본적으로 최근의 한국인들이 만들어 가고 있는 한류 문화의 세계적 흐름을 이해하는 것이 중요합니다. 그리고 해외에서 한류 문화에 관심을 가진 현지인들과 적극적인 접촉면을 확장할 준비가 필요합니다. 이를 위하여 한국어 교육의 객관적인 전문성을 가지고 지역사회 현장에 접근하기 위한 적극적인 준비가 필요합니다. 모든 지역사회의 리더십은 그 지역사회를 기반으로 하는 현지 대학에서 찾는 것이 비교적 수월한 접근 방법입니다. 대학에 모인 학생들이 가지고 있는 한국어에 관한 관심을 발견하여, 그 학생들을 지도하면서 다음 세대의 학생들을 양육하면서 그 사회의 미래를 준비한다는 것은 세계 어느 곳에서나 공통의 가치로 인정을 받을 수 있습니다. 이러한 방법을 수행하기 위하여 대학에서 학생들을 지도하기 위한 석사 학위 이상의 자격을 갖추는 것이 필요합니다. 특히 선교적으로 접근이 어려운 사회체제일수록 이 방법은 매우 효과적이라고 생각됩니다. 폐쇄적이고 문화적인 성장이 부족한 사회일수록 청년 세대들이 가지는 새로운 문화로 한류 문화를 바라보는 시각은 엄청난 폭발력을 가지고 있음을 이미 다양한 사회와 문화의 현장에서 명백히 드러나고 있습니다.

부족한 사람은 신대원 졸업 후, 14년 부교역자 사역 경험을 바탕으로 북미주의 해외 이민 목회 현장에서 10여 년 사역하였다가, 지금은 베트남 남부의 현지에서 한국학을 전공하고자 하는 대학생들을 지도하면서, 현지에 체류하고 있는 한인교회를 섬기고 있습니다. 사실 현지 목회의 자리에서는 부족한 사람의 영적인 기반을 잃지 않기 위한 재충전의 시간이 되고 있고, 동시에 아무런 준비도 없었던 선교지에서의 사역적 도전 앞에서는, 주께서 준비해 주신 현지인 대학생 사역이라는 놀라운 경험을 감당하고 있습니다. 물론 이 과정에서는 이미 저의 모든 삶의 궤적들을 통하여 한 걸음씩 준비시켜 주신 주님의 섭리를 깨닫고 감사하고 있습니다.

현시점에서 한국 사회의 특별한 성장의 경험을 바라보면서, 지난 30여 년 동안 경험한 한국 사회와 문화의 급속한 변화와 성장의 동력을 경험하고 싶어 하는 많은 세계의 청년들이 열망이 점차 확산되고 있습니다. 놀랍게도 이제까지 저희가 늘 사용하고 있던 한국어 의사소통의 능력을 활용하여 듣기 말하기 읽기 쓰기의 교육적인 접근의 방법을 준비하여 보십시오. 지금 계신 주변에서 한국어 교육의 기본적인 바탕이 되는 한국어 교육학 분야에서, 해외 한국학 언어 교육 분야의 TEKSOL 과정 [외국인을 위한 한국어 교육 과정]에 관심을 가지고 주목해 보시기를 추천해 드립니다. 이 과정은 정규 석사 및 박사과정이며, 대부분의 현지 대학에서 필요한 한국어 원어민 강사로 활동하면서, 그 사회에서 지속적이고 안정적으로 체류할 수 있는 비자 취득을 통한 신분 보장과 기본적인 생활비 마련의 적극적인 방법이 되기도 합니다. 혹시 이러한 체류 비자의 문제나 경제적인 지원 문제에서 자유로운 분들은 특별히 이러한 과정을 준비하시지 않아도, 현지의 사역자들과 협력하여 온라인 언어 교육을 담당해 주셔도 좋습니다. 이 과정을 통하여 무엇보다 소중한 그 사회의 젊은 대학생들과 합법적이면서도 지속 가능한 접촉면의 확장을 기대할 수 있는 매우 실제적인 방법이 될 수 있습니다.

지금도 부족한 사람은 비교적 엄격한 정치 체제로 운영되는 베트남 남부 지역의 호찌민시에 있는 현지 대학교에서 매 학기 약 200여 명의 한국어 전공 대학생들과 다양한 방법으로 한국어 의사소통의 방법을 지도하면서, 그들이 가지고 있는 영적 성장의 가능성을 확인하고 있습니다. 부족한 사람이 이러한 부르심의 사역을 잘 감당할 수 있도록 기도로 협력해 주시기 바랍니다.

디아스포라를 품은 이민자 공동체

김동지 목사

호주 멜번, 멜번 새순교회 담임

불순종과 순종

"선교사님들을 존경하며, 축복합니다."

저는 타 문화권에서 수고하시는 선교사님처럼 순종하지 못하였습니다. 대학 시절 일본선교를 품었으나, 순종하지 못하였습니다. 신학대학원 시절 서울 시청 앞에서 데모할 때 주님의 부르심이 있었습니다. "너는 여기서 무엇을 하느냐?" 그래서 부르심에 순종하려고 대학원에서 다시 선교학을 공부하였습니다. 그러나 타 문화권으로 떠나지 않았습니다. 선교사 출신인 아내를 만나 선교사로서의 헌신을 다짐하였으나, 역시 순종하지 못하였습니다. 송태근 목사(당시 강남교회, 현 삼일교회 시무)의 요청에 따라 선교지로 떠나지 못하고 부목사로 섬겼습니다. 해외 선교사로 떠날 기회를 놓쳐 버린 것입니다. 이유는 있지만, 해외선교에 관한 불순종이었습니다.

2001년 초 이규현 목사(당시 호주 시드니 새순교회, 현 수영로교회 시무)으로부터 이민 교회 사역에 함께 할 것을 제안받았습니다. "제가 왜요?" 그렇게 불순종하던 중 기도원 산속에서 기도하는

데, 갑자기 "호주 이민자를 불쌍히 주십시오. 그들은 힘들게 생활하고 있습니다"라는 기도가 터져 나왔습니다. 그때 송태근 목사는 "아픔이 곧 부르심이요, 사명이다!"라고 하셨습니다. 그래서 2001년 말, 호주로 왔습니다. 2003년 말, "김 목사, 멜번으로 가서 개척하세요!"라는 교회의 요청에 또다시 이렇게 반응했습니다. "내가 왜요?" 결국 '억지로 순종'하여 호주 멜번(Melbourne)에서 교회를 개척하게 되었습니다. 그리고 21년이 지났습니다. 뒤돌아보면, 타 문화권(Cross-cultural missions)에서 사역하는 선교사들이 존경스럽고, 동시에 억지로 이주민 사역하는 제 모습이 때로 부끄럽기만 합니다. 그리고 이민 땅에서 교회 건물 및 건축 작업으로 인하여 선교 사역을 보다 활성화하지 못한 점이 아쉽기만 합니다.

멜번 새순교회와 디아스포라

저는 한국을 떠나 호주로 이주한 디아스포라를 중심으로 교회를 개척하여 이민자 교회의 담임 목사로 사역 중입니다.

호주 멜번은 인구 약 520만 명(2023년 기준)의 도시이며, 한인은 약 2만 명 거주하고 있습니다. 이민자의 교회는 정체성의 혼란과 아픔, 그리고 분열이 있습니다. 하지만 지상의 모든 교회는 주님의 발자취를 따라가는 본질이 같다고 봅니다. 그래서 예수님처럼 가르치고, 전하고, 치유하는 교회의 모델을 목표로 삼았습니다. "양육하고 훈련하는 공동체", "전도하고 선교하는 공동체", "치유와 회복이 있는 공동체"를 추구하며, 나아가 "다음 세대에게 비전을 주는 공동체"를 추구하고 있습니다.

멜번 새순교회는 이민 1세대와 1.5세대가 함께 있으며, 2세대와 3세대가 함께 하고 있습니다. 한인 중심이지만, 교회 안에는 호주인, 아시아인 등으로 구성된 국제결혼을 한 가정도 있습니다. 2025년 9월, 현재 500여 성도(어린이 포함)가 함께하고 있습니다.

비록 이주민 교회이지만, 복음의 본질을 추구하며, 교회의 본질에 충실히 하고자 노력하고 있습니다. 사명 선언문 "우리는 예수 그리스도를 믿지 않는 사람들을 주님께 인도하여 그리스도의 성숙한 제자가 되게 하며, 위대한 사명에 헌신하게 하여 건강한 교회로 성장한다"를 항상 마음에 새기며 달려왔습니다.

멜번 새순교회는 이민 교회와 이민자로서의 성도들이지만, 한국교회의 모습을 추구하였습니다. 예배 중심의 교회, QT 하는 교회, 교육하는 교회, 선교하는 교회의 모습을 그대로 진행하고 있습니다. 특히 새순교회는 평신도 양육 및 훈련 사역, 소그룹 운동, 전도 및 선교 활성화 사역에 집중해 왔습니다.

새순교회와 현재 선교

다음은 교회가 추구하는 선교적 교회의 모습입니다.

1. 다음 세대에게 교육하는 교회입니다. 이민자의 자녀, 유학생들은 현지화(호주화)가 되었습니다. 한 가정과 한 교회에 있지만, 자녀들은 다른 문화권에서 자라고 있습니다. 그래서 자녀 선교를 위한 교회 교육에 가장 최선을 다하였습니다. 이민의 역사가 깊은 미국교회의 경우 떠났던 자녀들이 다시 모 교회로 돌아온다고 하였습니다. 그렇다면 과연 우리 교회의 다음 세대들은 우리 곁

을 떠날 것인가? 만약 떠났다가 돌아온다면 기쁨으로 받아들일 수 있는 교회의 모델을 갖고 있는가? 에 대한 질문 앞에 미래를 향해 준비하며, 현재에 최선을 다하고 있습니다.

2. 원주민 선교입니다. 호주에는 원주민(Indigenous Australian)이 있습니다. 여기서는 애버리진 호주인(Aboriginal Australians)이라고 부릅니다. 호주 인구의 3.2%밖에 되지 않지만, 백인들이 포기한 선교대상자들입니다. 이들을 위해 비행기로 이동하여 선교활동을 하고 있습니다.

3. 협력 선교하고 있습니다. 현재 캄보디아, 베트남, 네팔, 인도네시아, 일본 그리고 북방지역을 꾸준히 협력하고 있습니다. 지리상 멀리 갈 수 없어서 호주와 한국을 연결하는 비행기 노선에 따라 선교합니다.

4. 어린이와 노인 돌봄 사역을 하고 있습니다. 주중에 현지인을 초대하여 어린이 전도 프로그램을 진행 중이며, 도시 안에 있는 노인회를 섬기며 복음을 전하고 있습니다.

새순교회와 미래 선교

새순교회 20년을 보내고 미래 10년을 바라보면서 꿈꾸는 미래 선교는 다음과 같은 내용을 추가 확장하고자 합니다.

1. 다민족 협력 사역입니다. 호주는 다민족 사회입니다. 우리가 사는 지역에 소수민족 교회들이 탄생하고 있습니다. 이들에게 사역을 공유하고 협력하고자 합니다.

2. 선교의 네트워크 사역입니다. 지구 남쪽, 호주 남쪽에 있는 우리

는 과연 해외선교를 어떻게 해야 합니까? 우리가 먼 지역에까지 갈 수 없으므로 자연스럽게 이곳 호주와 한국을 연결할 수 있는 지역, 즉 아시아 지역을 선교할 수 있도록 귀한 선교사님들과 선교하는 교회와 연합 및 협력을 통하여 선교 동력화를 추구하고자 합니다.
3. 영어권 교회 신설 및 복음화입니다. 현재 새순교회의 주류가 한인이므로, 주변에 호주인 사역하는 목회자와 연합하여 호주 다민족 복음 선교에 힘을 다하고자 합니다.
4. 20년이 지났습니다. '팀 켈러(Timothy Keller)' 목사처럼 "센터 처치(Center Church)"의 희망을 품고 교회가 교회를 재생산하는 것을 비전으로 제시하였습니다.

기도하는 마음

넓은 개념으로서의 선교사는 해외 이주자 선교도 포함이 됩니다. 그래서 현재 거주하는 호주 땅 멜번에서 하나님의 부르심에 순종하고, 최선을 다할 것을 다짐해 봅니다. 다시 한번 해외 각처에서 수고하시는 선교사님들에게 존경과 박수를 보내며, 기도하겠습니다.

지구 가장 남쪽에 있는 도시에 현존하며, 이민자를 전도하며, 다음 세대를 선교의 대상으로 여겨 잘 양육하고 훈련하고, 나아가 원주민 선교와 해외선교 협력 사역을 잘 감당하고자 합니다. 나아가 한국에서 사역하시는 동기 목사님들과 선교사님들의 사역을 위해서도 기도하겠습니다. 주님 나라가 이 땅에, 주님 나라가 조국의 땅에, 주님의 나라가 선교 현장에 임하시길 기원합니다.

미국 버지니아에서의 한인교회 목회

박성일 목사

미국 워싱톤 D.C., 워싱톤한인장로교회 담임

1992년 신대원을 졸업한 후에 군대에 가서 병역의 의무를 마치고, 결혼 후 곧바로 1996년 미국 유학길에 오르게 되었습니다. 미국에 와서 웨스트민스터신학교에서 박사과정을 공부하던 중, 섬기던 필라델피아 임마누엘교회 고인호 원로 목사의 추천으로 공부를 다 마치지도 못한 상태에서 2009년부터 미국 버지니아주에 있는 워싱톤한인장로교회(Korean Presbyterian Church of Washington)에서 담임 목회를 시작하게 되었습니다. 워싱톤한인장로교회는 1965년, 워싱턴 D.C에서 소수 한인 모임으로 시작이 되었고, 현재는 교민들이 도식 외곽으로 이주함에 따라 워싱턴 D.C. 인근의 버지니아 패어팩스에 있습니다. 워싱톤한인장로교회는 최근 교회설립 60주년 기념 예배를 드릴 정도로 나름 유서 깊은 이민 교회입니다.

미국에서 담임 목회를 시작할 때는 이민 교회의 사정을 잘 모르고 막연한 기대감으로 목회를 시작했습니다. 하나님께서는 우리의 계획대로 우리를 인도하시기도 하지만, 더 많은 경우에는 우리의 계획과는 전혀 다르게 우리를 인도하시는 것 같습니다. 저는 미국에 올 때는 L.A.나 뉴욕이나 시카고 정도는 알았지만 버지니아주는 어디에 있는지 몰랐습니다. 그러나 하나님의 인도하심으로 워싱톤한인장로교회에서 지금까지 17년째 목회하고 있습니다.

미국에서 이민 교회를 하면서 느끼는 것은 "이민 교회는 선교지다"라는 것입니다. 이민 교회의 자녀들은 영어로 주일학교나 중고등부 모임을 하기에 자녀들이 장성하면 영어부로 가게 됩니다. 자녀들과는 언어의 문제, 문화의 문제, 세대 차이 등 여러 가지 문제로 의사소통이 참 어렵습니다. 흔히 하는 말로 미국에 사는 2세 자녀들은 "바나나"라고 합니다. 겉은 노랗지만 속은 하얗다는 것입니다. 그 의미는 겉은 한국 사람이지만 속의 생각은 미국 사람이라는 뜻입니다. 미국에서 교육을 받고 자라서 한국적인 정서보다는 미국식 사고와 정서에 따라 산다는 것입니다. 그래서 어떻게 보면 이민자들의 자녀들인 2세들은 한인 1세와는 전혀 다른 가치관과 문화를 가지고 있습니다. 그래서 자녀들에게 복음을 전하고 신앙을 가르치는 것은 마치 선교하는 것과 같은 상황입니다.

또한 이민 교회는 자녀들뿐만 아니라 미국의 타 인종들도 한인교회에 오기 때문에 미국의 한인교회는 한인들과 타 인종들의 접촉점이 되고 있습니다. 한인들 가운데 타 인종의 미국 사람들과 결혼한 사람들이 타 인종의 남편이나 아내를 데리고 교회에 옵니다. 자녀들 가운데 타 인종의 미국 사람들과 결혼한 사람들이 있으면 타 인종의 사위나 며느리를 데리고 교회에 옵니다. 우리 교회 영어부의 교인들 가운데는 소수이지만 백인이나 흑인이나 중국계 미국인들이 있습니다. 우리 교회 시무장로님 가운데 한 분은 한인 여성과 결혼한 미국 백인입니다.

최근 미국의 이민 교회는 한국에서 미국으로 오는 이민이 줄어들고, 2세들은 영어권 교회로 출석하기 때문에 한어권 이민 교회는 점점 약화되는 추세입니다. 유학생이 많이 있는 대도시의 학원가 교회는 한어권 사역이 유지가 되겠지만 장기적으로 보면 미국의 이민 교회는 점차 한어권에서 영어권으로 전환이 될 것으로 예상이 됩니다.

미국에 있는 한인교회들은 소수의 대형교회 외에는 대부분 100명 미만의 소수 교인이 모이는 교회입니다. 자체 교회 건물을 소유한 교회들도 있지만 대부분 교회는 미국 교회 건물을 빌려서 예배를 드리고 있는 상황입니다. 그래도 미국 대도시든지 소도시든지 거의 모든 지역에 한인교회들이 존재하고 있고 이민 교회의 목회자들은 힘들고 어려운 상황 속에서도 다들 열심히 성실하게 목회하고 있습니다.

자체 건물을 가지고 있고 교인들의 규모가 어느 정도 되는 교회들도 장기적으로 보면 한어권 교회에서 영어권 교회로 전환을 예상하고 있습니다. 한국교회 선교 초창기에 미국이나 여러 나라에서 온 선교사님들이 교회, 신학교, 병원, 학교, 고아원 등 여러 기관과 단체들을 설립하였고 후에는 한국 현지인에게 이양한 것을 보게 됩니다. 아마도 미국에 있는 한인교회들도 앞으로 수십 년이 지난 후에는 영어권 교회로 전환이 되리라고 예상합니다.

하나님께서는 다양한 세대에 다양한 장소에서 다양한 사람들을 부르셔서 다양한 방법으로 하나님의 선교 사역을 이루고 계십니다. 미국에 있는 이민 교회도 하나님의 크신 선교 사역의 계획 속에서 쓰임을 받고 있다고 생각합니다. 이민 교회의 목회자로서 스스로 생각하기를 나도 "절반은 선교사"라는 생각을 하며 목회하고 있습니다.

최근에는 전 세계 각처에서 수많은 사람이 미국에 이민을 오기 때문에 우리 교회 주변에도 중국계나 베트남계 등 다양한 인종의 사람들이 많이 있습니다. 얼마 전부터는 30~40명 중국인이 예배를 드리려고 하는데, 교회 건물이 없어서 우리 교회에서는 중국인 교회가 함께 예배를 드리고 있습니다. 한 건물에서 오전 9시에는 한국어 예배, 오전 11시에는 영어 예배, 오후에는 중국어 예배가 드려지고 있는 것입니다. 미국에 있는 한인 이민 교회가 감당해야 다양한 일들이 있는 것입니다.

미국에는 미국 원주민들이 인디언 보호구역에 살고 있습니다. 미국의 원주민들은 과거에 백인들에게 그들의 땅을 빼앗겼기 때문에 좋지 않은 인식을 하고 있습니다. 그래서 백인들이 미국의 원주민들에게 선교하기가 참 어렵습니다. 반면 한국인들이 가서 선교하면 잘 받아주고 서로 친구가 되는 경우가 많습니다. 그래서 우리 교회도 매년 여름마다 인디언 보호구역에 가서 선교하고 있습니다. 미국에서도 한인들이 쓰임을 받을 수 있는 사역들이 있는 것입니다.

현재 저에게 주어진 위치에서 최선을 다해 주님 앞에 쓰임을 받기 위해서 노력을 하고 있습니다. 미국에 있는 한인들이 머나먼 이국 땅에 와서 이민 교회에서 안식처를 찾을 수 있기를 바라며 목회를 하고 있습니다. 2세 자녀들이 건강하게 잘 자라서 교회를 이어받아 미국과 전 세계에서 하나님의 나라를 위해 귀하게 쓰임을 받을 수 있도록 기도하고 있습니다. 또한 미국에 찾아오는 다양한 인종들과 소수의 인종들을 위한 섬김의 사역을 할 수 있기를 기도하고 있습니다.

전혀 기대하지도 않았고, 전혀 몰랐던 낯선 땅에서도 하나님을 예배하고 작은 부분이지만 전도와 선교를 위해 쓰임을 받고 있다는 것에 하나님께 감사를 드리고 있습니다. 세계 각처에 흩어져서 주님을 예배하며 전도와 선교를 위해 사역하시는 모든 분을 주님의 이름으로 축복합니다. 샬롬!

85회 졸업 후 홍콩에서…

윤형중 선교사
GMS, 홍콩, 홍콩한국선교교회 담임

나의 소개와 홍콩한국선교교회

1993년 총신 졸업 후, 하나님께서는 저를 홍콩으로 가게 하셨습니다. 홍콩에서 지금까지 교민교회 목회와 선교회 그리고 신학교 사역을 감당하고 있습니다. 제 가족은 아내인 박제향 선교사(62세). 딸 윤석영(29세). 사위 정상천(34세). 아들 윤석인(27세)과 근간에 태어난 외손자 정주희(4개월)가 있습니다. 제가 목회하고 있는 '홍콩한국선교교회'는 서울 충현교회(당시 당회장 김창인 목사)에서 홍콩에 지교회 설립을 결정한 후, 1985년에 1대 담임으로 오치용 목사가 파송되어 서울충현교회 지교회로 출발한 역사를 갖고 있습니다. 본 교회의 설립 당시 이름은 "홍콩충현교회"였으나 추후 선교적 비전을 더욱 선명하게 담아내고자 "홍콩한국선교교회"로 개명하였습니다. 저는 1993년에 부임하여 32년째 목회하고 있습니다.

여기서 잠깐 홍콩의 현황을 소개하고자 합니다. 홍콩은 아시아의 물류, 금융, 무역, 교통 및 관광의 중심지로 750만 명의 인구를 가진 국제도시로 1840년에 일어난 아편전쟁 이후 영국의 통치 아래 있었으나 1997년 중국으로 주권 반환되어 현재에 이르고 있습니다. 주권 반환 당시에 보장되었던 '1국가 2체제'와 '고도의 자치'가 지금은 우려될 만큼 손상되어 있으나 국제도시로의 존재감, 지리적 위치, 문화와 제도, 산업구조를 여전히 유지하고 있습니다. 전성기 시절과는 다르지만, 여전히 홍콩은 세계 각지에서 전문인력들이 유입되고 있습니다.

이러한 배경하에 한국인 교민사회가 형성되어 있으며 홍콩한국선교교회는 홍콩에 거주하는 한국인들이 모인 교회공동체를 형성한 지 올해(2025년)로 설립 41주년을 맞았습니다. 홍콩한국선교교회는 홍콩의 지정학적 위치와 국제적 위상을 배경으로 한 선교적 교회로서 역할을 감당하고자 힘써오던 중에 현재는 한국인 예배. 영어 예배. 중국어 예배. 난민 예배 등의 공동체를 이루고 있습니다. 그리고 홍콩 교계 지도자인 "오진지 목사"와 함께 "다윗성 문화 중심이라는 법인"을 설립하여 홍콩 현지인들과 홍콩교회를 위한 대형전도집회. 청소년 사역 등을 진행하고 있습니다.

생명길선교회

홍콩은 하나님께서 아시아와 중국 선교의 허브로서 특별히 구별하신 곳이라 여겨지고 있습니다. 그 이유는 많은 정보가 모이고 필요한 인적. 물적 자원 동원이 가능한 곳이며 지리적 인접성에 있어 다른 어떤 지역보다 교통의 원활함을 장점으로 갖고 있기 때문입니다. 특히 본인이 1993년도에 홍콩에 부임하였을 당시에는 중국 선교의 불이 뜨겁게 일어나고 있었을 때로 하나님께서는 제게 중국 서북지역에 대한 강렬한 소망을 주셨습니다.

중국 서북지역은 섬서성, 감숙성, 영하회족 자치주, 신장성, 사천성, 청해성, 내몽골 자치주 등입니다. 이 지역은 중국 선교에 있어 가장 복음화율이 낮은 지역이고 이슬람 세력이 강하게 자리 잡은 지역이면서. 소수민족이 밀집해 있는 곳입니다. 또한 중앙아시아와 교류가 빈번한 지역으로 과거 당나라 시절부터 동서 문명 교류가 활발하여 이 지역을 통하여 비단이 로마까지 전달되었기에 일명 "실크로드(비단길)"로 불리고 있습니다. 그리고 이 지역은 문명의 핵심인 종교가 전파된 지역이기에 "종교의 길"로도 불립니다. 조로아스터교, 불교, 네스토리안, 이슬람 등이 대표적입니다. 저는 하나님께서는 홍콩한국선교교회를 목회하면서 이 지역에 대한 선교적 열망을 품게 하셔서 "실크로드를 라이프로드로 …"라는 기도 제목으로 교회가 기도하도록 마음을 모아갔습니다. 그리고 하나님께서는 2000년에 초 교파 선교 단체인 "생명길선교회"를 설립하게 하셔서 2025년 8월 현재까지 중국, 카작크스탄, 키르키스스탄, 타직크스탄, 베트남, 태국, 말레이시아 등에 90여 명의 선교사를 파송하게 되었습니다.

생명길신학교

선교사가 파송되어 나가고 시간의 흐름에 따라 곳곳에서 주님의 은총으로 사역의 결실이 맺혀지는 가운데 선교의 결국은 주님의 교회를 세워가는 일임을 직시하게 되었습니다. 이를 위하여 교회를 책임지고 목회할 지도자 양성이 제일 중요한 일임을 직시하는 가운데 하나님께서는 신학교를 설립하도록 인도하셨습니다. 2016년에 '홍콩생명길신학교'를 홍콩 정부에 법인 인가를 받게 하셨고, 올해(2025년)는 아시아 지역의 대표적인 학위인준 기관인 ATA(Asia Theological Association)에 가입이 허락되어 학교가 권위 있게 발전할 계기가 마련되었습니다. 또한 하나님께서는 미국의 유수한 신학교들과 연합할 기회도 주셨습니다. 'Virginia Christian University', 'Moody Bible Institute', 'Southwestern Baptist Theological Seminary', 'The Master's Seminary' 등과 MOU를 체결하여 협력관계를 형성할 수 있는 기회를 열어 주셨습니다. 생명길신학교는 현재 중국, 동남아시아, 중앙아시아, 아프리카 등에 지역 캠퍼스를 두고 있으며 약 300명의 현지인 신학생이 학사와 석사과정에서 공부하고 있으며, 2026년부터는 박사과정을 개설할 예정입니다.

라이프로드싱어즈

하나님의 인도하심 가운데 진행되어온 선교사역 중에 빼놓을 수 없이 주님께 감사한 것은 찬양선교단인 '라이프로드싱어즈'의 사역입니다. 라이프로드싱어즈는 음악 전공자들로만 구성된 찬양단입니다. 그중 일부는 중국 선교사로 파송되어 "중국교회음악원"을 설립하여 음악 지도자 양성에 힘을 쏟고 있습니다. 또한 한국에서는 찬양 사역을 집중하고 있는 가운데 하나님께서 조성은 선생이 작곡한 '은혜 아니면'을 녹음할 기회를 주셔서 한국교회에 알려 큰 은혜를 나누는 역할을 감당하기도 하였습니다. 그리고 매년 미국, 동남아시아, 중앙아시아, 중국 등을 순회하는 해외 사역을 통하여 하나님이 부어 주신 은혜와 감동은 잊을 수 없습니다.

글을 마치며

저는 총신 신대원을 85회로 졸업하고, 1993년도에 홍콩한국선교교회에 부임하여 지금까지 목회와 선교 사역을 감당해 온 것은 오직 하나님의 인도하심과 은총으로 가득한 세월이었습니다. 많은 선교사를 파송하였기에 재정적인 부담이 항상 있었으나 하나님께서 기적같이 공급해 주심을 여러 번 체험하였습니다.

또한 선교 사역을 진행하면서, 왜곡된 소리로 교회공동체와 성도들을 시험케 하는 일도 여러 차례 있었으나 하나님은 능력으로 보호하셔서 모든 시험의 순간들을 넉넉히 이기고 넘어서게 하셨습니다. 총신 신대원 85회 졸업 후 지금까지 하나님이 저를 홍콩으로 보내셔서 인생을 헌신케 하심은 나에게 특별히 임한 하나님의 영광이며 축복이라고 여기고 있습니다. 언제나 기쁨과 설레임으로 선교회 목회를 감당하는 동안 어느덧 70세 정년 은퇴(2029년)가 4년 남았습니다. 이 남은 소중한 시간을 '홍콩한국선교교회'와 '생명길선교회' 그리고 '생명길신학교'와 '라이프로드싱어즈' 등이 지속적으로 선교할 수 있도록 견고한 기반을 만듦이 하나님께서 나에게 주신 중요한 사역이라고 여기고 있습니다. 감사합니다.

나를 사용하시는 하나님

한재현 목사

미국 캘리포니아 개혁신학교 총장,
미국 살리나스 한인장로교회 담임

하나님께서는 1993년 9월, 제게 목사 안수의 은혜를 주셨고, 그해 12월에는 미국 유학의 길을 열어 주셨습니다. 풀러신학교에서 교회성장학과 선교학을 공부하며 이민 목회를 병행하는 동안, 낯선 땅에서 영어로 논문을 쓰는 일은 쉽지 않았지만, 하나님의 도우심으로 2002년 선교학 박사학위를 받았습니다. 이후 로스앤젤레스 지역에서 신학교 교수 사역과 목회 사역을 함께 감당하게 되었습니다.

2007년 1월, 하나님은 저와 가족을 북캘리포니아 몬트레이라는 작은 해변 도시로 인도하셨습니다. 군부대가 있는 이 도시에서 '사랑의 교회'를 개척하게 하셨고, 16년간 약 200여 명 유학생을 훈련시켜 중국, 캐나다, 한국, 홍콩, 독일 등지로 "평신도 선교사"로 파송하게 하셨습니다. 이 작은 도시엔 직장이 없어서 교회에 남는 청년들이 없었기에, 우리는 수없이 보내고 또 보내야 했고, 그만큼 지치고 고단한 여정이었습니다.

사모는 국방 언어 대학(DLI)에서 교수로 근무하며, 주중에는 직장생활, 주말에는 교회 사역으로 반주와 심방, 음식 준비, 청소까지 감당하며 몸과 마음이 지쳐갔습니다. 어느 날, 사모는 통증과 저림 증세로 고통을 호소했고, 온몸이 아프다며 밤을 지새우는 일이 반복되었습니다. 병원 응급실도 별다른 해결책이 없었습니다. 나는 간절히 기도했지만, 치유의 응답이 없는 무력감에 마음이 공허했습니다. 사모는 고통의 극한에서 "주님, 저를 천국으로 데려가 주세요"라며 눈물로 기도할 때, 저는 고통스러웠습니다.

사모가 몹시 아프고, 더는 나도 무기력하지만, 주님의 교회 사역을 내 마음대로 그만둘 수 없었습니다. 사역의 정리를 위해 기도해 오던 중, 주님은 내게 깊은 위로와 격려를 해주셨고, 결국 2022년 8월 말, 목회를 은퇴할 수 있었습니다. 은퇴 후 2년간, 저는 아내의 치료에 시간과 정성을 다했지만, 10년 넘게 이어진 병의 원인을 어느 의사도 밝히지 못했습니다. 세상에는 혈액검사, MRI나 X-ray로 드러나지 않는 병이 많이 있다는 사실을 절감했습니다. 수많은 의사, 한의사, 신유 은사를 받은 목사님들께도 도움을 구했지만, 특별한 개선은 없었습니다. 오히려 병원 치료와 스테로이드 주사는 아내에게 더 큰 고통을 안겨주었습니다. 결국 저는 매일 아침저녁으로 아내의 머리에 손을 얹고 주님께 간절히 기도드렸습니다. 주님의 은혜로 최근에는 특별한 분을 통해 치료가 잘 진행되고 있어, 하나님의 응답임을 믿고 감사하고 있습니다.

비록 목회를 내려놓았지만, 신학교 교수 사역은 계속 이어졌습니다. 2년이 지난 어느 날, 하나님은 저를 캘리포니아 개혁신학교 (California Reformed University & Seminary)의 총장으로 세우셨습니다. 미래 지도자를 양성하는 일은 하나님 나라의 1당 100의 용사들을 키우는 일이라고 생각합니다. 한국과 미국의 신학교들이 입학생 감소와 축소 위기에 처한 이 시기에, 하나님은 다시 저를 부르셨습니다. 팬데믹 이후 신학교와 교회는 급격히 변화하고 있으며, 대면 수업 중심에서 이제는 온라인 중심으로 재편되고 있습니다. 이는 전 세계에서 수강이 가능해지고, 교수들도 다양한 지역에서 사역할 새로운 기회이기도 합니다.

우리 CA 개혁신학교에는 헌신 된 실무 직원들이 많지만, 재정적으로 넉넉하지 못해 충분한 사례비를 지급하지 못하고 있습니다. 그러나 하나님께서 그들의 소속 교회와 직장을 통해 필요를 채워주고 계십니다. 1년 전 즈음에, 하나님은 저에게 다시 양무리를 돌보며, 강단에서 설교할 교회를 또 맡겨주셨습니다. 국가대표 운동선수들이 소속팀에서 월급을 받고, 국가 명예로 대표팀에서 뛰듯이, 저 역시 하나님께서 맡기신 신학교와 교회를 하나님 나라를 위한 같은 사명감으로 섬기고 있습니다. 신학교 운영 목적이 재정적 수익을 위한 일이 아니듯, 목양도 제 생계 수단이 아닙니다. 사도 바울처럼 저는 언제든 텐트 메이커가 될 각오가 되어 있습니다. 하나님께서 부족한 저를 사용하시고, 지금도 새로운 사명의 길을 여시는 것을 보며, 다시금 고백합니다.

"주님, 제가 주의 기쁨이 되는 종이 되게 하소서."

에필로그

오직 이것을 기록함은
너희로 예수께서 하나님의 아들 그리스도이심을 믿게 하려 함이요
또 너희로 믿고 그 이름을 힘입어 생명을 얻게 하려 함이니라
(요 20:31)

편집위원장 소회

장완익 선교사

저희가 33~36년 전 함께 공부했던 총신대학교 신학대학원 85회에는 원우회(회장 김동일) 가운데 '선교부'와 총학회(회장 박금일) 가운데 '선교학회'가 있었는데, 원우회 선교부장으로 섬겼던 김혜성 목사님은 졸업 이후 항공기 사고로 주님의 부르심을 받았고, 저는 선교학회장으로 85회 동기 목회자와 선교사를 위해 기도하는 책무를 양지 캠퍼스에서 받은 이후 오늘까지 안고 있습니다. 그렇기에 다른 동기회에서 활동하던 '세계선교사회'가 85회 안에는 없는 것을 안타깝게 생각하다가 2022년 6월, 부산에서 가졌던 85회 동창회(당시 회장 한국환 목사)에 그 구성을 제안하였고, 그다음 해 "총신 신대원 85회 세계선교사회"가 세워져 오늘에 이르게 되었습니다(초대 회장 장완익 선교사, 2대 회장 김바울 선교사, 3대 회장 김용섭 선교사).

2025년은 저희가 양지 캠퍼스를 떠나 목회와 선교 현장으로 출발한 지 33년 되는 해이며, 이를 기념하여 총신 신대원 85회 동창회(회장 권성대 목사)에서는 4월 28일부터 5월 1일까지, 홍콩한국선교

교회(담임 윤형중 선교사)에서 '85회 세계선교대회'를 가졌습니다. 이 모임에 참석했던 85회 동기 선교사들은 금년 10월 말의 33주년 홈커밍데이(준비위원장 김기중 목사) 때, 전 세계에 흩어져 사역하는 동기 선교사와 해외 주재 목회자의 글 모음집을 『85회 선교행전』 이름으로 발행하기로 하였고, 지난 4~5개월 어간, 원고 모집에서부터 편집, 인쇄를 거쳐 이제 발행하게 되었습니다.

예수 그리스도의 다시 오심이 멀지 않았고, 세계 선교는 다양화 다변화되는 이 시점에서 이 작은 책자가 총신대학교 신학대학원 제85회 해외 주재 목회자를 포함한 전국의 동기 목회자와 전 세계에서 사역하는 동기 선교사의 신앙 고백이자 선교 마중물 되기를 바라며, 원고 모집 독려에서부터 자체 편집 그리고 여러 번의 편집회의를 통해 『85회 선교행전』이 이 세상에 태어나도록, 물심양면 수고를 아끼지 않으신 6인 편집위원과 85회 동창회장 및 임원 그리고 바쁜 시간을 내어 원고와 사진으로 직접 참여하신 동기 선교사와 해외 주재 목회자 한분 한분에게 깊은 감사를 드립니다. 샬롬!

편집위원 소회

□ 박금일 선교사

평소에 "그리스도인의 삶은 예상치 못한 일들의 연속과 같다"(Christian life is like a chain of the unexpected happening)는 말을 입에 달고 사는데, 이번 선교행전 발간도 예외가 아니다. 마귀의 역사로 인한 것은 장애가 되지만, 성령의 역사로 인한 것은 풍랑 속에서도 배를 더 빨리 가게 한다는 사실을 또다시 경험하게 하시니 어찌 이보다 더 기쁘고 감사할 수가 있겠는가! Glory to God alone!

□ 장상기 선교사

세계 곳곳에 흩어져 주신 사명 따라 복음을 전하는 우리 동기 목사님들의 수고가 이루 말할 수 없이 큼을 느끼는 시간이었습니다. 감사합니다.

□ 김바울 선교사

선교사는 외로움 경제적 궁핍 고난과 친해져야 하며, 현지 영혼들의 배신도 감내해야 한다. 그러나 하나님의 은혜와 예수님의 사랑 그리고 성령님의 인도하심으로 이 모든 고난과 위협을 이겨내었다는 고백이 이 [85회 선교행전]에 고스란히 담겨 있다.

□ 윤형중 선교사

이 책자를 통한 동기 선교사님들과의 공동체적 만남이 행복한 일이었습니다. 우리가 한자리에 다 모이 것이 현실적으로 쉽지 않지만, 공동체적 가치성이 깊은 이 책자를 출판함은 더욱 흔치 않은 일로 여겨집니다. 그래서 이 책자가 소중하게 여겨집니다.

총신 신대원 85회 세계선교사회 정관

1. 명칭: 본회는 '총신 신대원 85회 세계선교사회(이하 본회, 약칭 85회 선교사회)'라 한다.
2. 목적: 본회는 85회 동기 선교사 간의 긴밀한 교제와 상호 협력을 위해 세워졌다.
3. 위치와 활동: 본회는 총신 신대원 85회 동창회 안에 위치하며, 동기 목회자와 동반자 관계로 활동한다.
4. 회원: 본회 회원은 총신 신대원 85회 졸업 후, 파송 받은 선교사와 배우자로 한다.
5. 임원: 본회는 다음과 같은 임기 1년 또는 3년(총무)의 임원을 두며, 필요시, 연임이 가능하다.
   5-1. 회장: 본 회를 대표하며, 85회 동창회 선교부장을 겸한다.
   5-2. 부회장: 전 세계를 여러 지역으로 구성하여 복수의 부회장을 둔다. 수석부회장은 회장을 보좌하며, 회장 유고 시 그 직무를 대행하고, 차기 회장으로 섬긴다.
   5-3. 총무: 본회 사업을 주관하며, 대내외 업무 연락을 담당한다.
   5-4. 서기: 본회 문서 수발을 담당한다.
   5-5. 회계: 본회 재무 업무를 담당한다.
6. 대회장: 85회 동창회 또는 본회 수련회를 물심양면으로 섬긴다.

7. 감사: 2인을 세우며, 임원회의 행정 재정 업무를 감사하여 연차 총회 시 보고한다.
8. 모임: 본회는 다음과 같은 모임을 갖는다.
    8-1. 연차 총회: 매해, 85회 동창회 모임과 연계하여 또는 별도의 시간과 장소에서 사업 및 결산 보고를 받고, 임원을 선출한다.
    8-2. 수련회: 2년에 1회 정도, 한국 또는 선교지에서 부부 동반으로 갖는다.
    8-3. 임원회: 상기 업무의 집행을 위해, 필요에 따라 갖는다.
9. 재정: 본회의 재정은 헌금과 찬조금으로 충당한다.
10. 회기: 본회의 회기는 해당 연도 연차 총회에서부터 익년 연차 총회로 한다.
11. 부칙
11-1. 개정: 본 정관은 연차 총회 시, 참석자 과반 찬성으로 개정할 수 있다.
11-2. 효력: 본 정관은 85회 동창회 인준으로 효력을 발생한다.

정관 제정일, 2023년 3월 15일

총신 신대원 85회 세계선교사회 회원

(국가 가나다순, 2025년 8월 20일 현재)

	이 름	배우자	국가	도시 / 주 사역 / 비고
1	김경중	이경숙	말레이시아	조호바루, 연구훈련센터
2	박철현	이혜영		동남아 이슬람
3	윤성창	배선숙	몽골	
4	최근욱	노상희		
5	김균배	최기숙	미얀마	양곤, 교육문화교류협회
6	김동석	정혜경	베트남	호찌민시, 한인교회, 한국어 교육
7	문현인	홍경숙	영국	사우햄스턴, 한인교회
8	박금일	손명은		런던, One Nation Church
9	지성구	구자미		리버풀, 한인교회
10	김동국	김문숙	우간다	소로티, 킹스키즈국제학교
11	한종숙		우크라이나	독신
12	이희열	박원선	인도네시아	자카르타, 풀뿌리선교회
13	김용민	최상옥	일본	후쿠오카, 교회 개척/선교 훈련
14	마영렬	한진명		
15	장상기	강소영		교토
16	김홍명	진태숙	캄보디아	깜퐁짬, 가나안농군학교
17	박금영	김진욱		프놈펜
18	박선교	이만우		프놈펜, 미선국제학교
19	장완익	변옥선		프놈펜, 캄보디아교회사연구원
20	김바울	우은주	키르기스스탄	비쉬켁
21	한용승	박숙경	탄자니아	
22	김기수	한소망	태국	치앙라이
23	김농원	강명선		치앙마이, 치앙마이 성시화운동

24	김용섭	이경미		방콕, 한인교회
25	박건규	장인숙		
26	김명수	박경희	프랑스	파리(아르쿠이), 불어권 이주민
27	김광락	조성라		KFHI 남아공 사역(완료)
28	송근수	박은주		
29	민홍기	정명란	한국	서울
30	이선재	김경희		부산
31	장두식	이계옥		한국 SIM 본부
32	허성회	유주현		GMS 본부
33	윤형중	박재향	홍콩(중국)	한인교회, 실크로드, 생명길선교회

85회 동기 목사와 선교사

85회 선교사회 발족 총회

85회 세계선교사회 캄보디아 총회

85회 마카오 세계선교대회

[85회 선교행전]은 아래 후원자의 재정 찬조로 제작되었습니다.
- 총신 신대원 85회 동창회(회장 권성대 목사)
- 김용섭 선교사(총신 신대원 85회 세계선교회장)
- [85회 선교행전] 편집위원 장완익, 박금일, 김바울, 장상기, 윤형중, 윤삼중
- 태국한인교회(담임 김용섭 목사)
- 홍콩한국선교교회(담임 윤형중 목사)
- 신창교회(담임 윤삼중 목사)

85회 선교행전

인쇄일	2025년 10월 20일
발행일	2025년 10월 27일
발행처	총신 신대원 85회 세계선교사회
발행인	김용섭

편집위원장 장완익
편집위원　김용섭, 박금일, 장상기, 김바울, 윤형중, 윤삼중
펴낸곳　　한들출판사(02-741-4069, 4070)
 ISBN　　978-89-8349-866-3　93230

- 본 서의 판권은 저자와 발행처, 공동으로 소유합니다.
Copyright ⓒ 2025 by writers and World Missionary Fellowship 85th alumnus of in Graduate School of Theology, Chongshin University.
Printed in Seoul, Korea.